감동 3.0

저자_히라노 히데노리 역자_이태우

가나북스

자신만의 브랜드를 만드는 법

감동 3.0

초판 발행 2011년 7월 1일
초판 인쇄 2011년 7월 11일

저　자 | 히라노 히데노리(Hidenori Hirano)
역　자 | 이태우
발행인 | 배수현
디자인 | 김화현

발　행 | 가나북스 www.gnbooks.co.kr
전　화 | 031-408-8811
팩　스 | 031-501-8811

ISBN 978-89-94664-07-1

감동 3.0

저자_히라노 히데노리 역자_이태우

가나북스

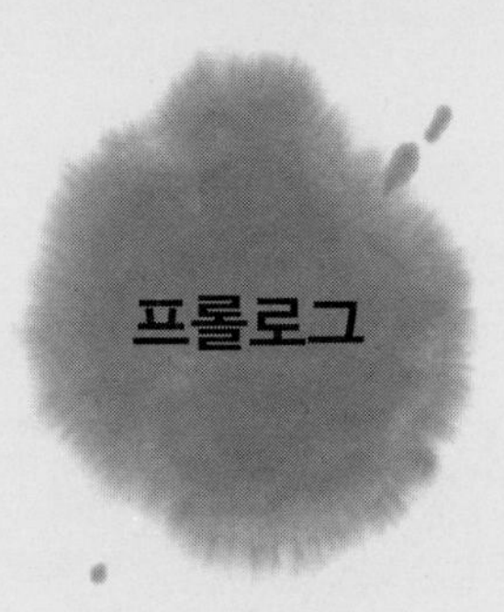

6억 4,000만 건의 관심사

가장 최근에 감동한 게 언제였더라?
요즘 들어 감동하는 일이 별로 없다.

나이 든 사람뿐만 아니라 젊은 세대에게서도 이런 말이 들리는 시대가 되어 버렸습니다.

인터넷 검색창에 [감동]이라는 두 글자를 검색해보면 놀랄 정도의 숫자가 히트되는 것을 아시나요?

100만 건?

1000만 건?

에~이 어림도 없습니다.

2010년 10월 현재의 히트넘버는 무려 6억 4,000만 건입니다
(Yahoo! JAPAN).

세계적인 경기침체로 불황인 지금, 감동을 느끼고 싶다는 절실한 바램이야 필연적인 결과겠지만 그렇다 쳐도 정말 굉장한 숫자입니다.

[감동]을 향한 압도적인 관심, 이것을 [수요]라고 한다면……
수요과다 · 공급부족이라는 희소가치를 지닌 시장이 보이지 않나요?

영화나 소설과 마찬가지로 비즈니스 또한 상품개발 및 고객응대에 있어 감동을 줄 수만 있다면 히트상품은 반드시 탄생할 것이고 그것은 판매자와 구매자의 관계성을 강화시킬 것입니다.

팬이 늘어나면 자동적으로 PR이 됨은 물론, 상품단가를 내리지 않아도 기꺼이 구매해 줄 것 입니다. 또 그것은 공급과다 · 수요부족의 경제환경에 있어서 압도적으로 매력적인 마케팅이라 할 수 있겠지요.

흠잡을 데 없는 감동마케팅의 이론입니다만, 장기간 지속적으로 감동을 만들어내는 기업이나 사람은 아직 소수에 불과합니다.

서프라이즈를 선사하는 것이 감동

훌륭한 서비스로 감동을…

이렇게 본질을 벗어난 감동창조-어프로치가 붐이 된 오늘날, 이러한 전략은 TV나 잡지 속에 넘쳐나고 있습니다. 이와 같은 전략은 한번은 통할지 모르지만 두 번째 세 번째 가서는 점점 어려워질 것이 불 보듯 뻔합니다. 오히려 고객을 실망시키는 유감스런 사례가 늘어날 뿐이지요.

테크닉이나 매뉴얼과 같이 외적인 노하우로 만드는 감동이란, 꽃으로 예를 들자면 [조화], 즉 이미테이션의 감동인 것입니다.

지금부터 약 600년 전, 감동의 비결을 훌륭한 표현력으로 갈파한 일본의 옛 현인이 말하기를,

꽃은 보는 이에게 핀다.

꽃(=감동)은 연기자뿐 아니라 관객의 마음에도 있다는 의미입니다.

진정한 감동을 끌어내는 열쇠는 [쌍방향성]에 있다는 것이지요.

21세기를 맞이하여 10년이 지난 지금, [쌍방향성]의 흐름은 경영이나 마케팅, 비즈니스-스킬의 세계에서 한창 진행되고 있는 근본적인 변화입니다.

예를 들어 지금까지의 마케팅은 제공자가 일방적으로 [상품이나 정보를 공급하는]것이었습니다. B to C(Business to Customer)나 B to B(Business to Business) 등의 [to]로 대표되는 [→]의 벡터를 중심으로 오로지 고객에게 제품을 팔기 위한 마케팅이 중시되었습니다.

한편 앞으로의 시대에는 [to]가 아닌 [with]의 관계성이 중시되어 [↔]의 관계성 속에서 개인과 개인간의 신뢰나 유대감을 키워나가는 것이 중요하게 되었지요.

고객만족의 추구라는 훌륭한 시도에서 시작된 감동마케팅도 사회의 변화와 함께 일방에서 쌍방향으로 진화하고 있는 것입니다.

그것은 타인중심도 아니고 자기중심도 아닌 '자타중심'의 세계입니다.

고객을 만족시키기 위해 자기희생을 하는 것(**감동1.0**)이 아니라, 매뉴얼대로의 감동을 주는 것(**감동2.0**)도 아닌, 쌍방향의 관계성 속에서 마음과 마음을 잇는, 감동을 공유하는 일(**감동3.0**).

자타중심의 세계에서는 자신다움을 유지하면서도 쌍방의 감동을 지속적으로 제공하여 신뢰와 존경을 쌓아 올린 기업이나 사람이, 규모의 크기에 관계 없이 [브랜드]로써 인지되는 것입니다.

지금은 세계적으로도 퍼스널브랜딩이 대세입니다.

인터넷의 진화가 일시에 가속되어 블로그나 SNS^{소셜네트워킹서비스}등, 소셜미디어의 보급에 의해 개인의 가치가 많은 사람들에게 전파되기 쉬운 시대인 것은 분명한 사실입니다.

하지만 브랜드란 무엇인지 생각도 안 하고 자신의 특징만을 인터넷상에 목청껏 소리친다 한들, 그 소리는 허무하게 허공으로 사라져 버릴 뿐입니다.

브랜드란 단순히 남다른 개성을 뜻하는 것이 아닙니다.

자신을 알리고자 오로지 남과 다른 점만을 추구하여 수박 겉핥기 식의 브랜드를 구축해봤자 그것은 그저 [확대된 나르시시즘] 외에 아무것도 아닙니다.

자신다움을 최대로 살려 타인과 회사, 사회에 공헌하는 존재가 되는 것.

거기서 탄생하는 자타감동의 세계가 **감동 3.0**인 것입니다.

저의 경우를 말씀 드려 볼까요?

미쯔비시통합연구소와 NTT-X가 goo리서치홈페이지상에서 실시한 [2003년 감동에 관한 앙케이트] 조사에서 이미 감동시장은 **[5조엔]**이라는 숫자가 형성되어 있었습니다.

 2004년, 이 감동마켓에 주목한 저는 무대연극과 동증일부상장 _{동경증권거래소의 1부에 상장된} 기업의 마케팅담당이라는 두 가지 일을 겸하면서 얻은 경험을 살려 [감동프로듀서]라는 일을 시작하게 되었습니다.

감동프로듀서란 "감동을 창출하는 사람 만들기"라는 직업입니다.

독립하기 전에는 연극배우를 하며 일부상장기업에서 근무했습니다만, 이미 기업 내 개인브랜드로써 인지되어 사원이나 거래처를 상대로 공연(저는 제 강연을 공연이라 부르길 좋아합니다)을 하며 돌아다녔습니다.

재직 중에는 책 두 권을 출판하게 되는 기회가 주어져 그간 터득한 경험과 노하우를 전국의 기업과 뜻이 있는 사람들에게 전파하고 싶다는 생각이 싹트기 시작했습니다.

그리하여 일본국내에 감동을 창출하는 사람이 점차 늘어난다면 참 멋진 나라가 되겠다는 생각에, 전국민의 1%인 100만인의 감동창조자를 만들 목표로 정들었던 회사와도 이별을 고하고 독립하게 된 것입니다.

독립 후에는 주로 기업경영자, 비즈니스펄슨을 대상으로 [감동의 힘]이라는 비즈니스마인드를 제창하며 표현력이나 공감능력을 갈고 닦는 것으로 누구라도 진정한 감동을 만들 수 있다는 것을 많은 분들에게 전해 왔습니다.

그러한 모든 면에서도 가장 주의를 기울였던 것이 바로 [**쌍방향성**]입니다.

저는 [공연]이라는 말을 참 좋아합니다. 그래서 책을 쓸 때에도 공연을 할 때에도 일방적으로 정보를 흘려 보내는 것이 아니라 책 너머에 있는, 마이크 너머 저편에 있는 분들과 공간을 공유하고 감동을 함께 나누는 공연자라는 생각을 합니다. 그러다 보니 자연스레 신뢰나 유대감도 생기게 되었습니다.

덕분에 수백 곳의 기업으로부터 강사로서 초빙되기에 이르렀습니다. 마이크로소프트, 도요타자동차, IHI, 파나소닉, 미쯔비시전기, 히타치제작소, 야쿠르트, 리코 등 일본을 대표하는 대기업부터 감동창조의 뜻을 가진 우량중소기업까지 수백 곳의 회사와 20만이 넘는 사람들에게 감동창조의 힘과 요령에 대해 전파할 수 있는 소중한 기회를 갖게 되었습니다.

이와 같은 실적을 이야기하고 있자니 마치 자기자랑처럼 들릴지 모르겠습니다. 하지만 결코 그런 것이 아닙니다.

단 한 사람의 개인이라도 잘 하는 것을 갈고 닦아 지속적으로 자신다운 감동을 창조한다면 하나의 [브랜드]로써 인지될 수 있는 세상이 도래했다는 것과, **기업 내 개인브랜드**로써 소속기업의 V자 회복에 공헌한다거나 독립 후에도 대기업이나 우량중소기업과도 대등한 위치에서 일할 수 있다는 사실을 알려드리고 싶은 것입니다.

이 이야기를 하면 다들 의외라 하는데, 저(당사)는 공연이나 컨설팅의 의뢰를 받아내기 위한 영업은 일절 하지 않습니다.

회사 안에서도 회사 밖에서도 영업사원은 단 한 명도 없습니다.

강사파견 에이젼시에 등록은 되어 있지만 의뢰의 99%는 개인웹사이트(감동프로듀서 히라노 · 히데노리 공식사이트)로부터 들어옵니다.

설립한 이래로 올해 6년째를 맞이합니다만, 감사하게도 입소문과 기존유저의 반복적인 의뢰로 업무의 대부분이 이루어지고 있습니다.

그 비결을 가르쳐달라는 의뢰를 받을 때도 있습니다. 비결이요? 비결은 없습니다. 세일즈를 벗어나 브랜딩을 철저히 고수하는 것으로 실현된 성과일 뿐이지요.

지난 6년간만을 보아도 인터넷의 발달은 놀랄 만큼 변화했습니다. 특히 최근에는 각종 소셜미디어의 등장으로 정보발신이 가능한 플랫폼을 누구라도 간단하게 지닐 수 있게 되었습니다. 그에 따라 개인간에 대화할 기회는 폭발적으로 늘고 그 정보들은 압도적인 스피드로 퍼져나가는 사회가 되었지요.

브랜딩에 관해서 말하자면 제가 경험한 지난 6년간 그 주변 환경은 압도적으로 진화하였습니다.

소비자가 발신자가 될 정도로 미디어는 다양화되었고 정보의 투명성이 높아진 세계에서 개인의 브랜드와 기업의 브랜드는 더 이상 구분할 필요가 없는 동등한 존재로 받아들여져 개인의 성과가 곧 기업의 성과로 평가되는 수준에 이르렀습니다.

뒤집어 말하자면 기업이 아무리 미사여구를 늘어놓는 선전을 반복한다 한들 사원이 빛을 발하지 않으면 그 언행불일치의 상태는 고객에게 금새 들통나고 그 사실은 금방 확산된다는 말입니다.

투명성이 높은 환경에서 빛을 발하는 브랜드란, 광고로부터 생겨나는 것이 아니라 개인의 경우는 [인간성], 기업의 경우는 [기업문화]로부터 생기는 것입니다.

감동 3.0은 소셜미디어가 빚어낸 [쌍방향성]의 세계에서 만나고, 대화하고, 즐기고, 살아남기 위한 방법론입니다.

디지털의 드래스틱(급격, 과격)한 발달은 역설적으로 아날로그의 드라마틱한 가치를 만들어냈습니다.

당신이라는 궁극의 아날로그적 존재가, 신뢰와 유대의 시대에 관계성혁명의 리더가 되기 위해 이 책이 도움이 될 수 있기를 진심으로 바랍니다.

감동프로듀서 히라노 히데노리

Contents

감동 3.0 자신만의 브랜드를 만드는 법

Contents

자신만의 브랜드를 만드는 법 **감동 3.0**

제 1 막

신뢰와 유대의 시대에 대한 관계성혁명

Quotations from Hirano

정말 무서운 건,

당신이 잘 알고 있다고 생각하던 사람이

도무지 알 수 없다고 느껴질 때이다.

Scene 1. 디지털의 발전이 아날로그의 가치를 높인다

◆◇◆◇ 정말 재미있는 시대가 왔다.

마치 온 세상 아줌마들의 거대한 쑥덕공론이 전부 공개된 것처럼 지금 개인간의 대화가 일반인을 비롯하여 경영자나 기업가 등의 비즈니스펄슨에서 저명인사까지 너나 할 것 없이 세계를 오가고 있다.

웹2.0의 세계에서 꽃을 피우고 있는 블로그나 트위터 등, 이른바 'SNS:소셜네트워크서비스'라 불리는 인터넷툴의 발달로 누구나 손 쉽게 자신을 표현하며 자유롭게 대화하고 있다.

소셜미디어 이용자는 날로 급증하는 추세다. 예를 들어 하버드 대학의 한 학생이 시작한 SNS 'facebook'에 참가하고 있는 사람은 전세계에 무려 5억 명. 나라로 치자면 중국, 인도에 이어 3번째의 인구수를 갖는 나라가 단 수년 사이 인터넷상에 탄생해버린 것이다.

그 많은 사람들이 거의 매일같이 이용하기 때문에 정보의 파급효과는 인류가 일찍이 경험조차 할 수 없었던 엄청난 규모와 스피드를 자랑한다.

가장 흥미로운 점은 인터넷커뮤니케이션의 변화가 현실 속 커뮤니케이션에도 확실한 변화를 가져 왔다는 것이다.

그 첫 번째 변화는 판매자 측이 정보를 의도적으로 컨트롤하기 어려운 상황이 되었다는 점이다. 개인간에 고속·대량의 대화가 오가며 입소문이 눈 깜짝 할 사이에 퍼져나간다는 것은 정보의 투명도가 높아지고 판매자 측의 거짓말이나 속임수가 잘 통하지 않게 된다는 뜻이다.

감정을 부채질해서 꼭 필요하지도 않은 상품을 무심코 사게 만드는 광고카피의 문구를 아무리 갈고 닦은들 오히려 역효과만 초래할 뿐이라는 것.

유리처럼 투명한 소셜커뮤니케이션의 세계에서는 권력이나 자금력, 테크닉 따위로 정보를 조작하는 사람이 돈을 버는 것이 아니라 정당한 일을 성실히 하며 고객의 행복이 곧 자신의 행복이라 느끼는 사람이나 기업에게 인기가 모이는 것이다. 진부하게 들릴지 몰라도 내 경험상 이것은 사실이자 진리라 생각한다.

21세기에 들어서 급속히 발전한 인터넷이 몰고 온 것은, 디지털

커뮤니케이션이 발달하면 할 수록 아날로그적 인간성의 가치가 높아진다는 아름다운 역설이었다.

평소 아날로그의 매력을 갈고 닦은 사람이, 나아가 디지털테크놀로지를 통해서 많은 사람에게 알려지며 활약할 수 있는 시대가 되었다.

수년 전까지 브랜드라 하면 루이비통 따위의 선망의 대상이 되는 해외기업이 제일 먼저 떠올랐지만 지금은 '자기브랜드', '개인브랜드'라는 말이 통상적으로 세상을 떠돌고 있다.

대기업의 큰 자금력으로 돌아가던 TV나 신문 등의 매스미디어에 의한 정보발신을, 현재의 소셜미디어 시대에는 개인의 레벨에 따라 (게다가 거의 무료로) 자신을 자유자재로 표현하며 전달할 수 있게 되었다.

개인이나 기업이 성실하게 자신다움이라는 매력을 연구하고 전파함으로써 마음이 통하는 사람들에게 공감을 얻고 자연스럽게 입소문도 퍼지게 마련이다. 사려 깊은 분별력 또한 결국 마음에서 오는 공감능력의 하나라는 것을 잊지 말자.

산업혁명 이후 다양한 시행착오를 겪으며 21세기를 맞이한 우리들에게 인터넷이라는 정보혁명은 바로 지금, 자신다움을 살리면서도 최상의 일을 할 수 있는 시대를 체험할 수 있도록 한다.

◆◇◆◇ 마음을 소중히 생각하는 가치관이
세계의 스탠더드로

지금, 세계의 마케팅이나 베스트셀러의 흐름이 미리 입이라도 맞춘 것처럼 마음을 소중히 생각하는 인간성중시의 방향으로 급속하게 전환하고 있다.

미국 마케팅계의 대가 필립 코틀러^{Philip Kotler}는 저서 '마케팅 3.0'에서 종래의 제품중심의 마케팅이나 소비자중심의 마케팅에서 인간중심의 마케팅으로의 전환을 제창하며, 그 목적을 '세계를 보다 좋은 곳으로 만드는 것'이라는 설레는 표현으로 설명하고 있다. 또한 앨고어전직대통령의 주석스피치라이터였던 다니엘 핑크의 최신저작 'Drive'^{역서 '모티베이션3.0' 고단샤}를 보면, 생존을 위한 기본적인 욕구나 성과주의 보수(돈이나 지위)와 같은 외적 동기부여보다 '타인에게 도움이 되기 때문에 한다', '즐거워서 한다', '재미있어서 한다', '호기심 때문에 설레는 마음으로 한다'라는 식의 새로운 패러다임을 중시하는 것이 21세기형 욕구의 존재방식이라 말하고 있다.

언젠가, 미국에서 10년 이상 살았던 일본인 친구가 귀국했을 때 '일본인은 너무 급하게 사는 것 같다'고 말했던 것을 기억한다.

일본에서는 지난 10년간 우울증환자가 급증했다고 한다. 지나치게 효율만을 추구하여 경제합리성을 이룩한 결과, 추가 한 쪽으로 너무 치우쳐 버린 것일지도 모른다.

금융공학을 구사하던 머니게임이 파탄을 맞이하여 뭔가 잘못돼도 한참 잘못됐다고 느끼는 사람들이 급속히 늘어난 것은, 치우쳐진 추가 다시 원점으로 돌아오려는 힘일 것이다.

제아무리 문명이나 과학이 발달해도 드라마의 본질은 사람과 사람의 관계성 속에서 생겨나는 '동정이나 배려'라는 인간적이며 아날로그적인 행위가 기본이 된다.

세익스피어가 그려낸 희곡의 세계가 지금까지도 온갖 영화나 연극의 베이스가 되어 사람의 마음을 붙들 수 있는 이유가 여기에 있다.

시대를 초월하는 사람의 마음이라는 보편적인 것이야말로 우리들을 공감시키고 거기서 일상의 속박을 깨는 드라마를 느끼는 것이다.

소셜미디어시대에 들어선 지금, 세계가 투명한 유리처럼 되어 가는 가운데, 소중한 것을 소중히 다룬다는 원칙으로 돌아가려는 큰 흐름은 이미 시작되었다.

Scene 2. 감동3.0의 시대

- 신뢰와 유대관계를 쌓고자 하는 사람에게

어떤 문제라도,

그것을 만든 것과 동일한 마인드세트로는

해결할 수 없다.

알버트 아인슈타인

마인드세트란 사고방식, 의식, 마음의 상태를 말한다.

많은 비즈니스맨이나 경영자의 대다수가 눈치채지 못하는 이미 오래되어버린 마인드세트가 있다.

그것은 'Customer Satisfacion=고객만족'이라는 가치관이다.

고객의 니즈를 조사하여 요구를 충족시키는 상품이나 서비스를 제공하는 것이 매출의 증대로 연결될 것이라는 생각에 많은 기업이 고객의 욕구를 충족시키기 위해 다양한 도전을 지속해 왔다.

그러나 아인슈타인이 말하듯, 21세기에 들어서부터 이러한 어프로치로는 해결되지 않는 문제가 산더미처럼 쌓여 있다.

• 고객이 만족을 하고 있는데도 매출이 오르지 않는다.

• 고객은 만족하였지만 사원들은 매우 지쳐 있다.

• 고객은 만족을 하고 있는데도 추가구매는 없다.

어떤 이치에서 그러한지는 모른다 할지라도 다들 뭔가 피부로 느끼고 있는 문제라 생각되지 않는가?

고객만족이라는 지표가 빛을 발하는 시대는 분명히 있었다.

아직 제품자체가 부족했던 시대, 품질이 불안정했던 시대, '좋은 상품을 대량생산해서 제공하면 사람들은 행복해 진다'라는 물질을 중심으로 한 풍요로움을 추구했던 시대였다.

이러한 가치관과 프로덕트-아웃이라는 방식을 지속한 결과, 이윽고 세계는 공급과잉의 상태가 되었다.

이후 '기업논리로 제품을 생산하는 것뿐 아니라 고객에 대해 생각하자'는 반성에 의해 고객의 니즈를 헤아리고 만족시키는 것으로 경영이나 마케팅의 지표가 변화했다.

그것이 고객만족이라는 가치관이다.

그 후 아주 오랜 시간 고객만족도를 높이는 활동이 경영 및 비즈니스현장에서 계속되어 왔다.

고객의 시선에 맞추어 생각하는 훌륭한 어프로치로써 큰 진보를 이루기는 했지만 유감스럽게도 일방통행이라는 방향성에는 변함이 없었다.

프로덕트-아웃이든 고객만족이든, 방향만 다를 뿐 일방통행의 벡터를 가지는 마인드세트였던 것이다. 일방통행의 어프로치는 시대를 불문하고 뭔가 좋지 않은 결과를 초래하고 만다.

프로덕트-아웃이 지나치면 무턱대고 필요 없는 기능만 늘어나는 "차별화를 위한 차별화"라는 오류로 이어진다. 그렇게 되면 고객만족의 허들은 높아지기만 하고 '고객은 왕이다'라는 잘못된 방향으로 흘러가, 제멋대로인 고객에게 제공자 측이 먼저 지쳐버리는 상황(무조건적인 고객영합)이 되는 것이다.

◆◇◆◇ 감동 1.0에서 감동 2.0으로

고객만족이라는 생각자체는 기업의 시점이 고객 쪽으로 향하면서 '서비스와 대접'이라는 어프로치가 세상에 태어나는 큰 계기가 되었다.

이것을 감동의 초기 단계로 보고 '감동 1.0'이라 부르고자 한다.

이후, 테마파크나 호텔, 레스토랑 따위의 서비스업을 중심으로, 스태프의 감동접객이 평판을 불러 제1차 감동-붐이라고도 할만

한 움직임이 일어났고 그것은 감동과 비즈니스의 친화성이 높다
는 것을 증명했다.

이렇게 서프라이즈를 기획하는 것이 곧 감동이라는 공식의 화려
한 연출이 인정받게 되어 TV나 잡지에도 그대로 반영되었다. '감
동을 주는 접객', '감동을 주는 기업' 등, '감동을 주는~' 식의 문
구가 매스컴의 지면을 장식했다. 그러자 또 여러 가지 문제들이
발생했다.

- 고객이, 생각대로 감동하지 않는다.
- 더욱 특별한 서프라이즈의 기대에 부응하려다 보니 일이
  힘들어졌다.
- 고객이 기획에 실증을 느끼게 되었다.

고객과 '지속적인' 좋은 관계를 쌓아나가는 것은, 일방적인 '주
다'라는 마인드세트로는 여전히 해결할 수 없는 듯하다.

특히 매스컴에서 좋아라 하는 '서프라이즈로 감동주기'라는 공략
은 한번은 감동할지 모르지만 두 번째, 세 번째로 갈수록 점차 어
려운 상황이 되어, 역으로 고객을 실망시켜버리는 안타까운 사례
를 초래한다.

어떤 음식점에서는 '서프라이즈 감동 게임'에 흠뻑 빠져든 직원의 지나친 행동으로 손님으로부터 클레임을 받은 경우도 있다.

직원이 날마다 서프라이즈를 구상하는데 바빠서 정작 중요한 요리의 맛이 떨어지기 시작한다든가 주문한 요리가 늦게 나온다든가 하는 문제가 발생했던 것이다.

물론 직원은 손님을 기쁘게 해드리려는 선의의 마음으로 행한 일이겠지만 방향성이 잘못된 서비스는 일찌감치 한계에 도달해 버리는 것이다.

그러나, 비록 이 붐은 일시적이기는 했지만 고객감동이라는 어프로치를 개척하여 '감동은 우연히 생기는 것만이 아니라 개인이나 기업이 능동적으로 만들어낼 수도 있다'라는 이해관계를 발견해 내는 큰 수확을 이루기는 했다.

감동과 비즈니스의 접점을 이어 붙인 이런 움직임이 고객만족의 다음버전을 만들어 냈다는 의미로, '감동 2.0'이라 부르고자 한다.

◆◇◆◇ '감동 3.0' 그것은 21세기형 마인드세트

웹2.0의 쌍방향 커뮤니케이션의 흐름, 소셜미디어의 출현에 의해 진행되는 관계성혁명과 인간성중심의 흐름 등, 세계가 크게 변화하고 있는 지금, 고객과의 최상의 관계성을 구축하는 새로운 버전의 마인드세트가 생겨나고 있다.

그것은 '주는' 것도 '높이 받드는' 것도 아닌, '마음을 통하게 하는' 쌍방향의 비즈니스어프로치로써, 울타리를 허물고 성공하기 위한 21세기형 마인드세트인 '감동 3.0'이다.

감동 3.0의 세계에서는 화려한 퍼포먼스보다 착실히 신뢰를 쌓아 인간관계라는 마음의 유대감을 형성해 나가는 어프로치가 가치를 지닌다.

웹의 세계에서 가장 중요한 가치로 여겨지는 '소셜캐피탈'도 겹겹이 쌓인 '신뢰'라는 유대관계를 바탕으로 하고 있다.

전미 베스트셀러 'twitternomics'를 집필한 Tara. Hunt는 '소셜캐피탈'을 'whuffie^{우피}'라는 표현으로 소개하고 있다.

우피란, 남이 기뻐할만한 일을 한다거나 도움을 주는 일을 했을 때 늘어나는 신뢰나 존경을 말하는 것으로, 웹의 세계뿐만 아니라 앞으로의 모든 비즈니스에 있어서 큰 강점이 될 것이라고 그는 제창한다.

투명성이 높아진 세상에서는 교묘한 거짓말도 금새 들통나고 인위적으로 예쁜 이미지를 만들어도 소비자끼리의 대화에 의해 그 도금은 바로 벗겨져 버리고 만다.

진심으로 유저를 위한 프로덕트 및 서비스를 만드는 일, 정직하고 진솔한 애프터서비스를 하는 것 등, 말하자면 장사의 기본인 정당하고 우직한 비즈니스만이 통하는 아날로그의 시대로 돌아가려는 움직임이 이미 시작된 것이다.

간단히 말해서 좋아하는 일을 열심히 하다 보면 보상받는 시대가 온 것이다.

스스로 열정을 쏟아 부어 몰두할 수 있는 뭔가를 찾는 것이 소셜 캐피탈을 쌓아나가는 첫 스텝이 된다.

감동 3.0은, 경쟁이나 권력이라는 상하방향의 파워로 사람을 움직이는 것이 아니라 기쁨이나 감동이 사람의 마음속에서 퍼져나가듯 수평의 영향력으로 사람을 움직이는 세계다.

Scene 3. 브랜딩을 저지하는 언행불일치 증후군

투명성이 높은 환경에 있어서의 감동창조(=개인브랜딩)에는 일관성이 가장 중요한 스킬이 된다. 제아무리 뛰어난 브랜드를 만들어도 일관성을 유지할 수 없다면 그것은 후에 치명상이 될 수도 있다.

소셜미디어시대에는 말과 행동이 동떨어지는 경우, 그 언행불일치의 모습이 누구에게나 아주 잘 보이게끔 되어 있다는 것을 염두에 두자.

내가 있던 연극의 세계는 사실, 허구의 세계다.

물론 관객 또한 그 사실을 모르는 것이 아니다. 다만, 관객과 제작자의 합의 하에 창조하는 거짓말을, 관객으로 하여금 눈물이 날 정도의 리얼리티를 갖는 이야기로써 체험해 주길 바라는 마음은 사실여부 이상의 진정성을 갖는다. 그러한 마음을 관객과 공유하고자 하는 배우라면 무슨 일이 있어도 일관성을 사수하지 않으면 안 되는 것이다. 덧붙여 말하자면, 프로배우들 중 무대상에서 거짓을 연기하고 있다고 생각하는 사람은 단 한 사람도 없다. 진짜보다도 더 진짜처럼 연기하는 사람만이 프로의 무대 위에 설 수 있는 것이다.

◆◇◆◇ 언제까지, 고객과 싸우고 있을 텐가?

나는 지금까지 '**경쟁의 20세기, 융합의 21세기**'라는 지론을 저작 및 공연을 통해 발표해 왔다.

20세기에 태어난 마케팅이나 경영학에서 사용되는 용어는 왜 그렇게 '전쟁용어'로 표현되는 걸까?

전략, 전술, 전투력, 공략 등이 그렇다. 맹렬히 각축을 벌이는 경합기업이나 이해득실이 대립되는 나라 간의 경쟁이라면 모를까, 상대는 그저 고객일 뿐인데 '전쟁용어'를 쓰고 있다는 것은 참 이상하고 안타까운 일이다.

고객제일주의나 고객만족을 표방하고 있는 기업까지도 마치 한 국가의 첩보부나 군대의 비밀회의와 같은 대화가 회의상에서 어지럽게 오가고 있는 것이다.

언제까지 공략 가능한가?

포위망을 좁히는 전략으로 갑시다!

○○기업의 융단폭격으로 ○○마켓이 쑥대밭 되었다.

오해가 없도록 미리 말해두지만 나는 머리 속이 온통 꽃밭천지인 평화주의자는 아니다.

소중한 사람이나 소유물을 지키기 위해 싸워야만 하는 상대가 있다면 당연히 싸울 필요가 있다는 것은 충분히 알고 있다. 또, 선인들의 훌륭한 전략론이라는 영민한 지혜가 존재한다는 것도 십분 이해하고 있다.

문제는 싸워야만 하는 상대가 아닌 고객에게 전쟁용어를 쓰는 어리석은 짓을 계속하는 일이다.

연극의 세계에 있던 나는, 비즈니스 세계에 만연한 이런 언행불일치증후군과도 같은 현상이 적잖이 신경에 거슬렸다.

전쟁용어라 하는 것은 반드시 승자와 패자를 가리기 위해 쓰여지는 것이다. 그렇다면 판매자와 구매자의 어느 쪽이 이겨야만 비즈니스는 성공하는가?

판매자가 계속 이기기만 한다면 결국 언젠가 구매자는 사라지게 되고 말 것이다. 반대로 구매자가 계속 이기면 될까? 그럴 경우 판매자는 파산을 면치 못할 것이다.

전쟁용어를 사용할 때마다 상대에게 선전포고를 하고 있는 거라는 자각이 조금이라도 있다면, 앞으로는 사용할 상대를 분별하는 기준이 명확해질 것이다. 업무를 통해 고객에게 행복을 주고 동시에 자신도 성공하고 싶다면, 앞으로는 일절 고객에 대해서 전략이나 전술, 공략이나 포위 따위의 전쟁용어를 쓰는 것은 그만두자.

◆◇◆◇ 경쟁상대에게는 전략을 구사하고, 고객에게는 진심을 구사하자

전쟁용어 대신에 감동을 만들어 내는 **연극용어**를 사용하는 것으로, 전혀 다른 아이디어와 결과가 탄생한다.

'전략' 대신 '시나리오'

'전술' 대신 '연출'

'전투력' 대신 '표현력'

'공략' 대신 '공연'

'포위' 대신 '팬 관리, 인기몰이'

말에는 자신을 표현하는 수단 이상의 힘이 있다. 여러분도 잘 알

다시피, 말은 의식을 대변하는 동시에 의식을 구성할 수도 있는 것이다.

언행일치를 위해서는 우선 사용하는 말부터 바꿔야 한다.

마치, '사거리에서 오른쪽으로 좌회전해 주세요'라고 택시기사에게 부탁하는 것과 같은, 심리학에서 '더블-바인드'라 말하는 이중구속의 상태를 해소하는 일. 그것은 감동브랜딩에 있어서 상당히 우선순위가 높은 어프로치라 말할 수 있다.

Scene 4. 감동을 만들어내는 브랜딩이란?

◆◇◆◇ 브랜드란 단순히 남다른 개성을 뜻하는 것이 아니다

감동 3.0의 세계에서는, 자신다움을 살려 소속기업이나 세상에 공헌한 사람이 비즈니스를 리드해 나간다. 그러나 자칫하면 자신의 브랜드가 단순히 '나르시시즘의 확장'이 될 수도 있다.

브랜드란 단순히 남다른 개성이 아니라, '누군가에게 도움이 되는 일관된 개성'을 갈고 닦는 존재를 말하는 것이다.

자신다움의 빛을 발산하는 사람은, 자기만족인 일인칭의 꿈이 아니라 소중한 사람을 기쁘게 하는 이인칭의 꿈을 발견하여 그 꿈을 실현하기 위한 카테고리부터 찾는다.

그리하여 그 카테고리로 탑-클래스를 목표로 삼고 자신이 잘 아는 분야를 연마하는 것이다.

후나이통합연구소의 상무이사이자 탑-컨설턴트이기도 한 이소

즈미 타케시는 스스로를 비즈니스프로듀서라 칭하는 기업 내 브랜드인^인데, 입사 당시 자신의 꿈은 없었다고 한다.

자신의 꿈이 없었던 이유로 언제나 타인의 꿈만을 응원해 왔다고 한다. 그러다 보니 어느새 이사의 자리에 올랐다고 한다.

컨설턴트란, 고객의 꿈을 형상화시키는 일이다. 경영자의 꿈을 응원하는 것이 좋아서 그저 열심히 하다 보니 어느새 그것이 자신의 꿈이 되었다는 것이다.

자신다운 빛을 발하며 세상에 공헌하기 위한 가장 알기 쉽고 누구나 가능한 어프로치는, 다음의 유명한 표현 속에 있다.

> **세상이 변화하기를 바란다면 스스로 그 변화가 되어라!**
>
> **마하트마 간디**

남을 즐겁게 하기 전에, 설레는 마음으로 가득 찬 자신이 될 것.

남을 기쁘게 하기 전에, 기쁨이 넘치는 자신이 될 것.

남을 감동시키기 전에, 감동할 수 있는 자신이 될 것.

테크닉이나 노하우를 습득하기 이전에, 본연의 자신을 갈고 닦는 것을 잊은 사람이 많은 것은 참으로 안타까운 일이 아닐 수 없다.

자기자신을 갈고 닦는 것으로 사람은 빛을 발하는 것이다.

자신다움으로 반짝이는 사람만큼 감동적인 것이 또 있을까?

'감정적인 사람'은 싫어도 '감동적인 사람'에게는 팬이 따른다.

'감정적인 사람'의 이야기는 듣기 싫지만 '감동적인 사람'의 이야기는 언제까지라도 듣고 싶다.

'감정적인 사람'은 함께 있으면 지치지만 '감동적인 사람'은 줄곧 함께 있고 싶은 것이다.

자신 그 자체가 감동적인 사람. 이것 이상의 브랜드는 없다.

웹에서 시작된 관계성혁명의 물결은 종래의 경영이나 마케팅의 기본적인 존재방식조차도 집어삼킬 기세로 퍼져 나가고 있다. 그러나 그 물결에는 미처 경험하지 못한 새로운 것이 아니라 어딘가 정겹고 그리운 감각을 느끼게 하는 것이 있다.

성실하게 자기자신을 연마하며 자신다움이 깃든 감동창조를 실천하는 개인이나 기업에 대해, 전혀 알지도 못하는 사람들이 선

의를 가지고 입소문을 퍼뜨려 주는 공감브랜드의 시대가 된 것
이다.

감동 1.0이나 **감동** 2.0과 같이 일방통행으로 일시적인 만족이나
감동을 전달하는 방법이 아니라 지속 가능한 공감형의 감동을 공
유하는 것이 **감동** 3.0이다.

**감동을 제공한다는 것은 자신의 소중한 사람을 위해 아이디어를
다듬어 가는 일로, 눈 앞에 있는 사람이 행복해지도록 말을 걸고
마음을 담아 서비스하는 것이다.**

매뉴얼대로의 평균치에서 감동은 나오지 않는다.
눈 앞에 있는 사람을 소중한 사람이라고 여기고 뭔가를 행하는
것. 그것의 반복을 통해 처음으로 감동은 지속성을 갖게 되는 것
이다.

Scene 5. 관계성혁명 'to'에서 'with'의 시대로

감동 3.0의 비즈니스에서는, 감동은 일방적으로 주는 것이 아니라 판매자 측과 구매자 측이 서로 공유하는 것이라 했다.

만족이나 감동을 '주려고' 하면, 매뉴얼이나 장치에만 매달리게 되어 정작 중요한 상대의 마음을 쫓아가지 못하는 현상이 생기게 된다.

인터넷 비즈니스로부터 생겨난 말로, 실제비즈니스에서도 사용하게 된 'B to B(B2B)'*Business to Business*나 'B to C(B2C)'*Business to Customer*라고 하는 상거래의 카테고리를 설명하는 표현은, 'to'라고 하는 일방통행의 관계성을 대표하는 말이기도 하다.

소셜네트워크의 시대에는 정보나 상품이 일방통행으로 이동하는 것이 아니기 때문에 쌍방향으로 인해 생겨나는 신뢰나 유대가 가치를 갖는다. 'to'의 관계성 속에서는 감동조차도 상품으로써 일방적으로 주는 것이었을지 모르지만, 신뢰와 유대의 시대에 있어서의 감동은 'with'의 관계성 안에서 '공유'되는 것이다.

'with'의 관계성 속에서 기업은 삼인칭의 조직이 아니라 일인칭 인간의 집합체로써 고객과 커뮤니케이션을 쌓아 나가게 된다.

다음에 소개할 에피소드는 자신다움을 살리는 것으로 일체감 있는 감동을 공유하여 'to'가 아닌 'with'의 관계성을 확립한 케이스다.

◆◇◆◇ 고도 1만 미터의 눈물

구름 사이로 모습을 드러낸 하얀 기체, JTA562편이 미야코공항에 도착한 그 순간, 공항 대합실 한 가득 성대한 박수가 쏟아졌다.

오키나와의 외딴섬, 미야코섬에 가족과 여름바캉스여행을 갔던 나는, 집으로 돌아가기 바로 전날, 아주 강력한 대형 태풍8호와 조우했다.

우리가 돌아가기 전날부터 거의 모든 비행기 편이 결항되어 당일 오전, 오후의 거의 모든 편이 결항될 예정에 놓여 있었다.

그런데 이상하게도 우리가 탈 오후 첫 번째인 13 : 30발편만은 전날부터 출발예정으로 되어 있는 것 아닌가?

여우에게 홀리기라도 한 기분으로 호텔을 체크아웃 한 우리는 행운의 여신에게 감사하며 짐 검사를 마치고 대합실에서 기다리고 있었다.

'참 다행이다~', '우린 항상 운이 좋아'라는 식의 안도와 자화자찬을 늘어놓으며 가족끼리 대화하고 있는 와중에 별안간 들려오는 아나운스.

'도착예정인 항공기가 상공 기후악화로 인하여 착륙하지 못하고 있습니다. 착륙하지 못할 경우, 결항이 되므로 이점 미리 양해 말씀 드립니다'
전세가 역전되듯, 내 기분은 천국에서 지옥으로 곤두박질 쳤다.
자신은 항상 운이 좋다며 나와 똑 같은 생각으로 자만하고 있었을 다른 사람들도 유리창에 찰싹 달라붙어 멍하니 비행기가 오기만을 기다렸다.

그 모습은 마치 표류 끝에 도착한 무인도에서 구조비행기를 기다리는 조난자와도 같았다. 출발시간 5분을 남겨두고 이제 거의 포기하고 있던 그때, 창가 쪽에서 불현듯 함성이! 1시간 남짓 상공에서 선회하던 비행기가 멋지게 구름을 뚫고 미야코공항에 착륙한 것이다.

그 후 JTA562편은 예정보다는 30분 정도 늦었지만 무사히 미야코공항을 이륙할 수 있었다. 그리고 더욱 멋진 드라마의 엔딩이 기내에서 기다리고 있었다.

이륙하고 얼마간 시간이 지나자 긴장감이 풀려 몸이 축 늘어진 승객들을 향해 기장의 기내아나운스가 시작됐다.

'금일, 악천후로 인해 출발이 늦어진 점 대단히 죄송합니다. 진심으로 사과말씀 드립니다'

언제나처럼 형식을 갖춘 인사가 끝난 뒤에도 계속해서 기장의 말이 이어졌다.

'이륙이 늦어진 이 상황에 정말 개인적인 이야기로 죄송합니다만,

실은 이번 플라이트를 담당하고 있는 객실승무원 ○○가 이번 비행을 마지막으로 퇴사합니다. ○○와는 동기로 입사하여 함께 이 길을 걸어온 동료입니다. 그녀는 좋은 상사와, 맘이 맞는 동료들에게 둘러 쌓여 열심히 업무에 힘써 왔습니다. 마지막 비행을 함께 해주시는 여러분과의 인연에 깊이 감사 드립니다'

몇 초인가 사이를 두고 기내에는 작은 박수소리가 울렸다. 처음에는 조심스럽고 부드럽던 박수가, 이윽고 기내전체에 큰소리로 퍼져나갔다. 전날부터 불안과 긴장으로 지쳐 있던 승객들이었지만 이 아나운스를 통해 나처럼 많은 사람들 또한 어떤 사실을 눈치 챘을 것이다. ○○씨의 마지막 플라이트를 장식해 주고 싶다는 기장의 마음이, 상공을 몇 번씩이나 선회하여서라도 포기하지 않고 비행기를 착륙시킬 수 있었던 것이다.

비행기가 모두의 마음을 싣고 순조로운 비행으로 무사히 오키나와에 도착하자, 객실승무원인 ○○가 여느 때와 같은 도착 아나운스를 하고 끝으로 간단히 인사를 덧붙였다.

'기장님으로부터 메시지를 받은 ○○입니다. 지금까지 매번 탑승할 때마다 처음과 같은 마음으로 정성을 다하고자 노력해 왔습니

다. 오늘, JTA를 졸업하는데요. 여러분이 저의 객실승무원으로써
의 마지막 손님이 되어주신 점 마음 깊이 감사 드립니다'

인사하는 그 말과 목소리는 짧으면서도 한마디한마디 마음에서
우러난 훌륭한 스피치였다. 듣고 있던 나는 느닷없이 눈물이 나서
어쩔 줄을 몰랐다. 미야코섬과 오키나와를 감동의 끈으로 이어놓
은 JTA562편의 기장과 ○○씨로부터, 승객들은 생각지도 못한
멋진 하늘여행을 선물 받은 것이었다.

물론, 기장의 판단은 나의 추측이므로 실제로 어떤 생각이었는지
알 수는 없다. 하지만 안전을 최우선으로 생각하며 착륙했을 것
은 상상하기 어렵지 않다. ○○씨를 위해 착륙한 것이든, 그렇지
않든 간에 기내아나운스에 굳이 플라이트와 관계없는 사적인 이
야기를 할 필요는 없다.
그러나 적어도, 지쳐있었을 승객들의 큰 박수가 증명하듯, 필요성
을 초월한 공감의 마음으로부터 감동이 생겨난 것은 확실했다.

B with C, 함께 만들어내는 유대감.

비행기라는 것은 기장이나 항공회사에게 목숨을 맡기고 있는, 어떤 의미에서는 궁극의 신뢰와 유대의 공간이다.

그것에 플러스알파로 기장은, 매뉴얼 이상의 '한발 내디딘 자신다운 체온'이 느껴지는 감동과 유대감을 제공한 것이다.

상식, 매뉴얼, 전례.

우리들은 평상시에 이와 같은 테두리 안에서 많은 시간을 지낸다. 변화 없이 같은 일의 반복인 일상을 보내고 있노라면 우선적으로 안심과 안전은 보장된다. 그러나 그렇게 하고 있는 많은 사람들은 이렇게 말한다.

'요즘 들어 뭔가 감동이 없다……'

유감스럽게도 감동이란, 일상의 틀 속에는 존재하지 않는다. 여행이나 영화 등, 좀처럼 마주하기 힘든 '비일상적 체험'이 감동을 유발한다는 것은 다들 잘 알고 있을 것이다. 그렇지만 이번 케이스처럼 일상의 틀 안에서도, 상식을 한 발짝 넘어선 테두리의 약간 바깥쪽만 나가도 인간의 미묘한 마음을 움직이게 하는 드라마의 기회는 얼마든지 있다.

사람은 비일상적인 '굉장한 체험'뿐 아니라, 상식을 아주 약간만 넘어서는 '마음이 훈훈해지는 체험'에도 감동한다.

헐리우드 엔터테인먼트와 같은 극적으로 화려한 드라마도 있다면, 세계적으로 높은 평가를 받는 동양영화와 같이 조용히 마음을 움직이는 드라마도 있다. 대단한 일을 계획해서 아무것도 못하는 것보다는 마음을 담아 자신답게 사람들과 소통하며 드라마를 엮어 나가는 것이 낫다. 그런 삶이 멋진 삶이라고 말하는 시대가 되었다고 나는 생각한다.

드라마의 어원은 '일을 하다' 혹은 '행동을 하다'라는 뜻의 그리스어 '드란*dran*'에서 유래되었다고 한다.

스스로 행동하는 것을 통해 따분한 상식의 테두리를 한 발짝 넘어설 때, 우리의 마음은 움직이기 시작한다. 거기서 생겨나는 것은 'to'라는 일방통행의 관계성이 아니라 한발 내디뎌 함께 창출해 나가는 'with'라는 관계성인 것이다.

신뢰와 유대의 시대를 사는 브랜드인s은 'with fan', 팬과 함께 번영하는 일을 목표로 한다.

◆◇◆◇ 너 자신을 알라

자, 어떻게 하면 [자신다움]을 살려 감동이 넘치는 일을 할 수 있을까?

도대체 [자신다움]이란 무엇일까?

너 자신을 알라

고대그리스의 델포이신전 입구에 새겨져 있는 격언이라 불리는 이 말은, 인류가 가장 알고 싶어하면서도 가장 난해한 테마로써 유명하다. 자신다움을 살려 감동을 자아내려는 사람에게 있어 피할 수 없는 빅 퀘스천이기도 하다.

우선, 적어도 이 답을 찾으려 할 때 '하지 말아야 할 어프로치'만큼은 확실히 말할 수 있다.

그것은, 자신을 알기 위해 책상 앞에 몇 시간씩 죽치고 앉아 생각한들, 산속에 쳐 박혀 몇 날 몇 일을 지낸들, 유감스럽지만 답은 전혀 나오지 않을 거라는 말씀!

제2막에서는, 현재 자신이 있는 장소에서 그 답을 손에 쥐게 되는 (코페르니쿠스적 전환이 될지도 모르는) 사고방식과 행동요령을 소개하겠다.

자신을 알고, 지속적으로 인간적인 체온이 느껴지는 브랜드란 어떻게 만들어 가는 것인가? 이러한 궁금증을 종래의 철학적 사고가 아닌, 그렇다고 최첨단 마케팅 식의 분석형–어프로치도 아닌, **감동 3.0**식만의 **연극형–어프로치**로 그 수수께끼를 해명해 나가겠다.

제 2 막

브랜드웨이 자신다움을 만드는 법

Quotations from Hirano

인생은 무대.

사람은 누구나 배우.

Scene 6. 일류배우처럼 자신다움을 연기하라

소셜미디어의 발달과 동시에 진행되는 관계성의 패러다임시프트.

성공주의적 가치관이 팽배해지며 날로 잃어만 가던 인간성을 되돌리고자 하는 세계적인 움직임은, 비즈니스 그 자체의 존재방식을 전환시키는 변화임과 동시에 삶의 척도까지도 바꾸는 가능성을 가지고 있다.

내면에서부터 솟아오르는 두근거림, 다른 이를 위해 일하는 즐거움, 누군가에게 감사와 신뢰를 얻는 기쁨, 남을 존중하는 데서 오는 기분 좋은 느낌, 영혼의 맛있는 음식이라고도 할 수 있는 이런 감동체험들은, 인간성을 높일 뿐만 아니라 비즈니스 그 자체의 목적이 되기도 한다.

감동 3.0의 비즈니스에서는, 인간성을 소중히 함으로써 만들어지는 '체온이 전해지는 어프로치'가 성공의 열쇠가 된다.

이 책에서 소개하는 브랜딩은, 체크시트로 자신의 타입이나 특징을 분석하는 등의 정靜적인 어프로치가 아닌, 더욱 인간적이고 리얼한 일상 속에서 자신이라는 작품을 창조해 나가는 동적인 방법론이라 하겠다.

◆◇◆◇ 브랜딩이란 [두 가지 자신다움]을 발견하는 일

의학박사이자 위대한 스피리츄얼-리더인 딥팩 쵸프라박사가, 그의 아이들에게 4살 때부터 얘기해왔다는 말 안에는 동적인 브랜딩의 요점이 집약되어 있다.

'잘 들어보렴. 학교에서 좋은 성적을 받는다든가 좋은 대학에 가는 것에 집중하지 않았으면 한다. 학교에서 1등을 하는 것이나 제일 좋은 대학에 가는 것 따위는 중요하지 않아. 내가 너희들에게 정말 바라는 것은, 너희들이 어떻게 하면 인류에게 공헌할 수 있을지, 자신만의 재능이란 무엇인지를 자문하는 일에 집중하는 것이야. 왜냐하면 너희들 한 사람, 한 사람은 다른 누구도 가지고 있지 않는 자신만의 재능을 가지고 있고, 다른 누구도 가지고 있지 않는 자신만의 표현방법을 가지고 있기 때문이란다.'(The Seven Spiritual Laws of Success, Amber-Allen & New World Library, 1993. Deepak Chopra)

쵸프라박사는, 아이들에게 재능이 무엇인지를 가르치는 것이 아니라, 무엇을 하기 위해 지금 여기에 있는지를 스스로 찾아내도록 되풀이하여 이야기했을 뿐이었다. 그런데 결과적으로 아이들은 최고의 학교에 입학하여 대학시절 동안 자신만의 방식을 살려 경제적으로 자립했다고 한다.

인간은 누구나 인류에게 공헌할 수 있는 '재능'과 '표현방법'이라는 독자성을 가지고 있다.

나는 이 생각에 전면적으로 공감하고 또, 찬성한다.

자기자신을 되돌아보면, 이 두 가지 독자성을 갈고 닦으며 브랜딩을 구축해 온 것에 대해 깨닫는다. 독자성에 관해서는 개인 뿐만 아니라 기업에 있어서도 마찬가지이다. 기업의 경우도, 사회에 공헌하는 독자적인 재능(도메인)과 표현방법(디자인)이 브랜드라 할 수 있다.

브랜드가 독자적인 재능과 표현방법으로 성립되는 것이라면, 그야말로 그것은 스테이지 위에서 재능과 표현력으로 배역을 연기하는 배우의 세계와 다를 바가 없는 것이다.

'자신다움'을 발견하기 위해서 내가 제안하고 싶은 방법은, 연극의 캐스팅이나 연출법을 참고해 보는 것이다.

◆◇◆◇ 당신은 지금, 드라마 속에 있다.

소셜미디어 중에서도 누구나 손쉽게 참가하고 있는 대표적인 툴은 트위터다. 일본에서는 2010년을 기준으로 이용자가 1,000만 인을 넘었다고 한다.

눈 깜짝할 사이에 총 tweets수가 200억 건을 넘은 트위터라는 무대에서 세계 누구나가 자신의 일상 속 행동이나 가치관, 공유하고 싶은 정보 등을 종횡무진으로 발신하고 있다.

트윗이라 불리는 '재잘거림, 혼잣말'이 흘러가는 TL$^{Time\,Line}$이라는 스테이지에서는, 마치 자신이 주인공으로 나오는 오리지널 영화가 실시간 중계되듯 주변의 이목을 끌기도 한다.

이 정도로 단기간에 트위터가 전세계로 퍼져 나갈 수 있었던 가장 큰 요인은, 140자 이내라는 제한이 만드는 심플함과 자신을 직접 프로듀싱하는 '주인공 감각'이 있기 때문은 아닌가 하는 생각이 든다.

트위터가 재미있는 점은, 관객(팔로워)과 무대(Time Line), 이 두 가지를 자유롭게 골라 연출할 수 있는 시스템에 있다.

트위터의 창업자 비즈 스톤이 '트위터는, 인간성의 승리이지 테크
놀로지의 승리가 아니다'라고 말하듯, 트위터는 인간성의 근본에
있는 '자기프로듀스 욕구'를 자극하는 도구라 할 수 있다.

브랜딩에 필요한 요소도 이 **'주인공감각'**과 **'자기프로듀스 욕구'**가
중심이 된다. '만약 자신의 인생이 한편의 영화로 만들어진다면
어떤 작품이 될까?'라는 스탠스로 생각해보자.
'영화로 만들어질 정도로 훌륭한 인생을 살아오지 못했는데…'라
고 엄살을 떠는 사람도 있겠지만, 적어도 지금은 '다른 누구도 대
신할 수 없는 오리지널의 인생을 살고 있다는 사실'에 포커스를
맞춰보자.
어떤 사람은 지금, 아직 드라마의 전반부분으로, 앞으로 주요장
면이 나오며 점차 고조되어 갈 단계에 있는지도 모른다.
어떤 사람은 지금, 히어로가 되기 위해 고난을 체험하는 씬을 이
를 악물고 연기하고 있을지도 모른다.
어떤 사람은 지금, 위기의 순간에 놓여 미래가 보이지 않는 씬을
혼신을 다해 연기하고 있을지도 모른다.
어떤 사람은 지금, 위기를 극복한 뒤, 해피엔딩을 느긋하게 맞이
하고 있을지도 모른다.

그것은, 각자의 스토리가 엮어내는 필연성에 따라 현재의 장면이 어쩌다 보니 그렇게 되었을 뿐인 것이다.

어떤 영화 · 연극도 단독의 씬만으로 구성된 작품은 없다.

인생이라는 드라마를 디자인하는 것에 있어 가장 중요한 것은 지금의 장면을 해피엔드로 이어나갈지 비극으로 몰고 갈지를, 각본가이자 연출가인 자신 스스로가 선택 가능하다는 사실이다.

자신은 단순히 주연배우일 뿐이라고 생각하는 정도라면, 누군가 다른 사람이 쓴 각본에 의해 수동적으로 연기하지 않으면 안 된다. '할 수 있다고 생각하든, 할 수 없다고 생각하든 어느 쪽도 옳다'라는 핸리 포드의 말처럼, 솔직하고 우직한 선택의 힘에 대해 대부분의 사람들은 의식하지 못한다.

이미 의식하고 있는 사람은 성공했거나 꿈을 이룬 사람들일 뿐이다.

그 사람들은 스스로 각본을 선택하고 자신이 그 각본의 주역으로써 연기하는 배우라는 점도 충분히 이해하고 있다. 게다가 연출가로써 좀더 훌륭한 스테이지로의 진화를 위한 노력도 아끼지 않는다.

영화나 연극의 한 장면 한 장면 속에 깔린 복선이 각각의 장면과

나중에 연결되어 전체내용을 알 수 있듯이, 당신의 인생도 하나의 드라마로서 반드시 과거의 어느 시점은 미래의 어느 시점과 한 가닥의 선으로 연결되어 있다고 생각할 수 있는 것이다.

우연한 인생은 없다.

인생은 무대. 모든 장면은 연결되어 있는 것. (설령 지금은 알 수 없다 할지라도)

◆◇◆◇ 재능을 발견해내는 두 가지 단서

무엇을 브랜드로 하여 살아갈 것인가의 구체적인 힌트는, 자신이 살아온 이력(=드라마) 속에 있다.

우리는 자신이 물려받은 재능의 일부를 통해 인생이라는 스테이지 위에서 배역(캐스팅)을 맡아 어떠한 형태든 무의식 중에 연기하고 있다.

숨겨진 재능을 발견해내는 첫 번째 단서는, 자신은 잘 하는 일인데 어째서인지 다른 사람들은 서투르다던가 간과해버리는 일 속에 있다.

• 특별히 노력하지도 않았는데 다른 사람들보다 빠르게 (편하게) 해낼 수 있는 것은? 그것은 어떤 것인가?

• 자신은 의식하지 않고 있는데 몇 번이고 칭찬받은 적은 없나? 그것은 어떤 점인가?

처음부터 자신의 재능을 발견하는 사람은 의외로 드물다. 재능이란, 본인에게 있어 너무나도 당연해서 의식할 수 없는 경우가 많기 때문이다.

이쯤에서 다시, 쵸프라박사의 아이들을 향한 어드바이스가 얼마나 사랑이 넘치는 훌륭한 것이었는지 알 수 있을 것이다.

두 번째 단서는 지금껏 당신이 몰두했던 체험, 감동했던 체험 등, 플러스의 감정이 수반된 체험부터 펼쳐 보는 것이다.

감동체험은 저마다 가지각색이다. 무엇에 감동할지는 저마다의 개성에 따라 달라진다.

서예가인 아이다 미츠오선생은 '아름다운 것을 아름답다고 생각하는 당신의 마음이 아름답다'라는 훌륭한 말을 남겼는데, 감동을 느끼는 것도 자신 안에 그것을 느낄 수 있는 어떤 재능이 있기 때문이다.

동물문학자인 무쿠하토 쥬선생은 '감동한 방향으로 사람은 변한다'라고 표현했다.

지금까지의 인생스테이지에서 체험한 드라마(=과거의 어느 시점)를 떠올려 보자.

- **지금까지의 인생에서, 강렬한 호기심으로 열중했던 일.**
- **지금까지의 인생에서, 감동했던 체험이나 감동을 준 사람.**

잠깐! 떠올리기 전에 한가지 어드바이스.

처음부터 감동체험을 기준 짖는 허들을 너무 올리지 않았으면 한다.

일상을 벗어난 강렬한 감동뿐 아니라 찡하게 마음을 움직인 감동, 아무렇지 않은 일상의 드라마 속에서 문득 마음이 따뜻해지는 소소한 감동, 그런 크고 작은 체험들이 쌓이고 쌓여 '나'라고 하는 인간의 삶을 만들고 있는 것이기 때문이다.

두 가지 단서에서 떠올린 언뜻 관련성 없어 보이는 과거의 어떤 '점'이, 지그재그이기는 하지만 지금의 자신에 이르는 '선'으로 이어져 있다는 것이 느껴지는가?

◆◇◆◇ 브랜드를 연기하다

어릴 적부터 나는, 어떤 일에 열중하는 것을 좋아했다.

초등학교시절에는 만화에 빠져 장래에는 만화가가 되고 싶다는 꿈을 꾸었다. 중학교시절에는 그 연장선으로 미술동아리에 들어가 회화에 열중했지만 고등학교 때 갑자기 육상경기 단거리선수가 되어 땀을 흘리기도 했다.

대학교에 들어서자 이번에도 갑자기 마술동아리에 들어가 스테이지매직을 배웠고, 사회인이 되어서는 격투기에 열중했다. 그리고 그 후에 운명의 연극과 만나 극단에서 배우로서 활약했다.

저마다 즐겁고 충실했던 기억으로 남아있지만, 때때로 느껴지는 호기심만으로 선택한 결과일 뿐 관계나 연결을 의식해 본적은 없다. 그러나 되돌아보면, 조각조각으로 생각되었던 모든 '점'들이 지금의 공연가, 비즈니스작가라는 일과 '선'으로 연결되어 있는 것이 분명하게 보인다.

현재 나는 개인브랜드로 자신의 회사를 설립했지만 독립 전에도 회사라고 하는 조직 안에서 '기업 내 개인브랜드'라는 다소 애매한 입장으로 일을 하고 있었다.

당시에는 아직 개인이 브랜드가 된다는 식의 발상은 없었을 때였다.

그것은 지금 생각해 보면, 의도한 결과라기보다 우연한 일의 연속으로 어쩌다 보니 브랜드로써 자리매김할 수 있었다고 하는 게 맞다. 그리고 그것은 차후에 도래할, 소셜미디어 시대의 브랜딩의 요소를 선취한 셈이었다.

◆◇◆◇ '튀어나온 말뚝'은 얻어맞으며 강해진다

대학을 나와 평범한 회사원으로서 기업에 취직한 나였지만 어릴 때부터 대학생 시절까지 늘 가지고 있던 호기심 왕성한 성격은 달라지지 않았다.

회사로부터 제안 받은 연수만으로는 성에 차지 않던 나는, 흥미가 있는 테마를 발견하기만 하면 회사 밖의 세미나에 자비를 털어 참가하거나 비즈니스 관련 서적을 다독하며 최첨단 마케팅과 성공철학을 공부했다.

그 세미나와 비즈니스 관련 서적에서 말하는 성공하는 사람의 자질에 가까운 어떤 것이 나에게도 있다는 것을 깨닫고 자기자신에게 두근거렸던 것이 기억난다.

보통이라면 이것으로 일이 잘 풀려야 할 텐데 세상일이란 그리 간단하지가 않았던 것인지 나는 입사동기인 동료보다도 출세가 늦어, 샐러리맨으로서는 변변치 않은 나날을 보내고 있었다.

당시 회사의 인사제도는 흥미 있는 일을 집중탐구하는 스페셜리스트보다도, 넓고 얕은 식의 제네럴리스트를 중시하고 있었으므로 그 제도와는 맞지 않았던 것이다.

그러나 '회사 내에서뿐만 아니라 회사 밖에서도 통용되는 사람이 되어라'는 입사식 때 들었던 인사부장의 말이 계속 머리에 맴돌았기에 호기심과 향상심만큼은 잃지 않으려고 노력했다.

좀처럼 출세는 하지 못 했지만 연극배우를 계속해 나가면서 본사의 실적교육 스페셜리스트로서 최첨단의 세일즈트레이닝 스킬을 도입하여 대리점의 실적을 단기간에 향상시키거나, 첫 여성영업팀을 억 단위의 매출을 올리는 팀으로 만드는 등 나름대로 활약은 하고 있었다.

그러나 '튀어나온 말뚝은 얻어맞는다'는 속담대로 독창적인 방법으로 활약하던 나는 보수적인 윗사람에게는 잘 받아들여지지 못하고 결국 가장 인기가 좋은 마케팅부서에서 쇼룸이라는 여성만 있는 부서로 이동되었다.

한마디로 '좌천'된 것이다(쇼룸의 업무 또한 말할 것도 없이 중요한 일이지만 특별히 맡은 일도 없이, 남성이 필요 없는 부서로의 이동이었으므로 당시에 나는 그렇게 생각했다).

그러나 이 좌천이 현재에 이르는 브랜드인ᄉ으로서의 스타트를 끊는 발판이 된 것을 생각하면, 인생이라는 스테이지는 정말 알 수 없는 드라마를 체험케 한다는 생각이 든다.

◆◇◆◇ 갈라파고스섬에서 태어난 브랜드

좌천당한 나는, 정신적으로 여러 가지 힘겨운 경험을 하게 되지만 오히려 본사의 영향을 직접적으로 받지 않는 그 근무처에서, 자유롭게 연극적 표현력과 비즈니스관계성의 연구를 쌓아 올릴 수 있었다.

본사근무시절에 독창적인 방식으로 업무를 즐겨오던 나는, 평가해 주는 동료도 적잖이 있었다. 본사로부터 동떨어져 독자적인 진화를 거듭하는 나를 보고 동료들은 그 근무장소를 '갈라파고스섬'이라는 애칭으로 부르며 응원해 주곤 했다.

그러던 어느 날, 동료들의 정보통으로 획기적인 신상품이 발매된다는 사실을 알게 되었다. 그러나 그 신상품이 너무도 획기적인 탓인지 사내에서는 그 장점을 알아차리는 사람은 소수밖에 없었다.

갈라파고스섬, 그 쇼룸에서 고객을 감동시키는 연극적 표현토크를 연구하고 있던 나는, 그때 직감했다. '내 차례가 왔다!'라며.

그 신상품을 제재로, 새로운 방식의 상품세미나를 구축하여 근처 대리점부터 필드영업으로 범위를 넓혀 나가기 시작했다.

상사나 조직으로부터 요청을 받은 것도 아니고 스스로의 판단으로 실시한 비공식적 세미나였지만 그 노하우를 사용한 대리점의 실적이 눈 깜짝할 사이에 오르기 시작했다. 내 세미나는 사내의 입 소문을 시작으로 일반대중에게 까지 퍼져 나갔다.

머지않아 나는 전국 지점으로부터 초빙되어 사내 사원뿐 아니라 거래처 사원을 상대로, 또는 이벤트장에서의 세미나를 요청 받기 시작했다.

결과적으로 그 신상품은 업계표준을 바꿀 정도의 대히트상품이 되었는데, 내게 있어서 그 경험은 연극적 표현력이 비즈니스-씬에서도 감동을 자아낼 수 있다는 것을 확신하는 최상의 검증기회가 된 것이다.

글로벌화의 시대에 갈라파고스화(化)라는 말은 좋지 않은 의미로 받아들여지는 경우도 많겠지만, 표준화라는 함정에서 벗어나 아웃스탠딩(발군)의 존재가 되기 위해서는 어느 정도의 갈라파고스 기간이라는 시간이 필요한 것일지 모른다.

◆◇◆◇ 개인의 활약으로 기업가치가 판단되는 시대

세미나를 열며 전국을 순회하던 시절, 회사 내외로 나의 '팬'이 늘어나기 시작했다. 영업을 하며 상품을 판매하고 있던 것은 아니었으므로 고객이 아닌 '팬'인 것이다.

세미나를 연간 100회 이상 진행하고 있을 당시의 어느 날, 회장에 걸려 있던 큰 간판에, 회사명도 세미나의 테마도 아닌, '히라노세미나'라고 쓰여 있었던 것을 본 순간 나는 깨달았다.

'상품이나 회사뿐만 아니라 자기자신도 브랜드가 될 수 있구나!'라는 사실을 실감할 수 있었던 놀라운 순간이었다.

샐러리맨으로서 출세가 늦은데다가 좌천까지 당한 내가, 브랜드로써 빛을 발할 수 있었던 요인은 지금 돌이켜보면 두 가지가 있었다.

첫 번째 요인은, 열정을 기울여 몰두했던 연극적 표현력을 업무에

도입하기로 결단, 이행하여 그 재능이 발휘된 것이다.

빛을 발하는 나의 모습을 본 많은 사원들의 마음에 희망의 등불이 타오르자, 회사전체도 어느새 빛을 발하기 시작한 것이다. 시대가 조금 일렀기 때문에 '튀어나온 말뚝'은 처음엔 얻어맞았지만, 얻어맞음으로써 '돌연 변이한 말뚝'이 살아남는 드문 케이스가 된 것이다.

나머지 요인은, (사실 이것은 나중에 깨달았지만) 브랜드로써 살아가는 멘터(인생의 스승)가 있었기 때문이다. 그것은 나의 아버지다.

아버지는 공공직업안정소(애칭 헬로우 워크)에 근무하고 있었다. 직업지도연구발표 전국대회에 우승하는 등, 그 방면의 권위자로써 고교, 중학교로부터의 신망 또한 두터웠다고 한다.

아버지가 최고로 그 능력을 발휘한 것은, 영화 '훌라걸'의 무대이기도 했던 '조반탄광'이 폐쇄되던 때였다. 4,680명의 이직자대책에 전력을 다했던 아버지의 성의와 실력은, 직업안정소의 소장이 된 후에도 '히라노과장'이라는 닉네임으로 남아 있었다. 지금으로 말하자면 개인브랜드의 선두주자였던 셈이다.

이버지가 지역신문에 1년간 연재하고 있던 칼럼이 '취직전선 이것저것'이라는 책으로 출간되었는데, 그 안에 탄광폐쇄 때의 고투가 생생하게 표현되어 있다.

'이직자 4,680명의 사무처리만으로도 정신이 아찔해지는 듯한 작업이었다. 하지만 그보다 문제인 것은 불안과 초조의 나락으로 떨어진 이직자들과 트러블을 일으키지 않고 친절하게, 게다가 하루라도 빨리 취직할 수 있도록 하여 이직자들의 가정에 다시금 웃음꽃이 필수 있게끔 하는 일이었다'

그 불안감을 덜어주기 위해 아버지는 이직자 1,200명 앞에서 실업보험의 절차나 각종 원호조치, 취직내용의 구체적 방안을 안내하는 설명회에 임해야 했다. 설명회 당일, 회장에 들어서자마자 소란스런 야유가 폭풍처럼 밀려왔다고 한다. 설명개시 시간을 일찍 설정해 놓은 탄광 측의 실수와, 아버지의 소개를 투쟁 상대인 근무과장이 했기 때문이었다.

그때의 심경을 아버지는 이렇게 적고 있다.

"결코 야유 받을만한 뒤가 켕기는 짓 따위는 하지 않았다. 만약 여기서 한 발짝이라도 물러서면 앞으로 직업안정소의 창구는 제 역할도 못 하는 곳이 되어 버릴 것이 불 보듯 뻔하다. 당신들을 위해 나는 온 것이다. 성심성의를 다해 얘기하면 회장에 모인 모든 이들에게 통하지 않을 리가 없다. 정의의 실행에 주저할 필요는 없다.' 그렇게 스스로도 놀랄 정도로 맑고 냉철한 기분이 되어, 담담하게 설명에 들어갈 수 있었습니다. 어느덧 회장은 찬물을 끼얹은 듯 조용해졌지요."

아버지는 이 설명회가 있기 전날 밤, 당신 어머니의 몸 상태가 악화되어 밤을 지새며 돌보다가 다음날 아침, 죄송스런 마음과 불안을 뒤로 하고 설명회장에 갔다고 한다.

아버지가 마음을 굳게 다지고 설명에 들어간 10시10분경, 그녀는 막내인 아버지의 이름을 떠듬떠듬 부르다가 혼수상태에 빠졌다고 한다. 그날의 상황에 대해 아버지는 이렇게 적고 있다.

"오후가 되어 겨우 한숨 돌릴 수 있었습니다. 소장의 권유도 있고 해서 병상을 보러 나가려던 참에, 어머니의 임종 소식을 알리는 전화가 왔습니다. 순간 허탈해진 나는 만약 사람이 없었더라면 소리 내어 울었을 것입니다. 그러나 4,600여 명과 그 가족들의 생사가 우리에게 걸려 있었습니다. 일주일 씩이나 상고휴가를 취할 여유는 없었습니다. 응원지도관의 사기도 있고 해서 어머니의 죽음은 내부관계자에게만 알리고 장례식의 하루만 휴가를 받았습니다. 후에 취직대책본부의 사람들이나, 오다가다 전해 들어 알게 된 얼굴도 모르는 이직자 분들까지 장례에 참석해 주신 일은 무엇보다 어머니에게 뜻 깊은 전별이 되었음을 지금도 감사하고 있습니다.”

아버지는 ‘공무원답지 않은 공무원’이라며 많은 시민들에게 사랑받는 그야말로 마음을 중히 여기는 브랜드인ᄉ이었다.

직업안정소를 퇴직한 후에도 어떻게 살지에 대한 탐구심은 쇠하지 않고 마츠시타 코노스케옹이나 이나모리 카즈오씨, 야마모토 이소로쿠원수나, 토고 헤이하치로원수의 스승이라 불리는 나카무라 텐푸씨의 철학을 널리 알리는 재단법인 텐푸(천풍)회의 강사를 역임하는 등, 강연활동도 행하던 그였다.

도쿄에 있는 대학에 입학하고부터 가족과 떨어져 지내던 나는, 그렇게까지 의식할 수는 없었지만, 아버지의 등을 바라보며 어딘가 모르게 그를 동경하고 있었던 것 같다.

회사 내에서 평가 받지 못한다고 해도 우울해하지 않고 ‘샐러리맨답지 않은 샐러리맨’으로서, 기업 내 개인브랜드로 살아가도록 마음을 지탱해 준 것인지도 모르겠다.

아버지는 책의 '끝맺음'을 다음과 같이 쓰고 있다.

"인간의 올바른 마음, 용기 있는 마음, 밝은 마음, 명랑한 마음이라는 적극적인 마음가짐으로 사고하는 것이 진정한 배움입니다. 그러나 그것을 실행하지 않는 것은 '그림의 떡'일 뿐이지요. 적극적인 마음가짐에서 비롯되는 모든 행동은 자신도 감동하고 타인 또한 감동시킨다는 것을 배웠습니다."

자신도 감동하고 타인도 감동시키는 것.
이미 그 시대의 아버지는 쌍방향의 **감동 3.0**의 훌륭함을 체감하고 있었던 것이다. 그야말로 피는 물보다 진하다는 것은 이런 것일까?

◆◇◆◇ 자신의 최상을 끌어내주는 브랜드

아버지의 존재는 문자 그대로의 아날로그적 입소문으로 널리 알려진 것이지만 현재 진행되고 있는 소셜커뮤니케이션의 세계에서는, 그 전파 스피드와 파괴력이 당시와는 비교도 되지 않는다. 인터넷이 급속히 진화한 덕택으로 나처럼 수고를 들이지 않아도 소속기업이나 사회에 공헌할 수 있는 찬스가 압도적으로 넘쳐나는 시대가 되었다.

지금 어떤 환경에 놓여있든, 끊임없이 호기심을 갖고 열정을 기울이며 몰두할 수 있는 일을 찾아 정보를 발신한다면, 소셜미디어의 힘을 통해 당신을 기점으로 하는 감동의 연쇄가 시작될 것이다.

브랜드란, 자신의 최상을 이끌어내는 스토리다.

사람을 행복하게 할 정도의 브랜드. 사람을 감동시킬 정도의 브랜드. 사람의 기억에 오래도록 남을 정도의 브랜드.

브랜드는, 일상이라는 습관적인 무대 위에서 관성에 젖기 쉬운 우리들에게 원-랭크 위의 기준을 제시하여 자기자신의 최상의 퍼포먼스를 끌어내주는 각본의 역할을 맡고 있다.

본질적인 의미로, 브랜드란 하나의 길이다.

'자신다움'이란, 브랜드의 길을 걷는 과정으로, 조금씩 진화를 거듭하며 완성해 나가는 작품이라 할 수 있다.

나이 90세의 여배우 모리 미츠코씨는 명작 '방랑기'의 2,000회 공연을 마친 날, 소감을 묻는 기자에게 이렇게 대답했다고 한다.

'더욱 더 풍부한 표현력을 가진 여배우가 되고 싶다'

Scene 7. 업무현장을 나의 무대로 만들기

감동을 만들어 내는 브랜드인ᄉ이란, 많은 고객을 유치하는 사람이 아니라 팬에게 사랑 받는 사람이다. 사람들에게 공감 받고 응원 받는 사람은, 업무현장이 자신의 무대라는 것을 마음으로부터 이해하고 있다.

근무현장을, 자신을 표현하며 관객과 감동을 공유하는 무대라고 생각하자.

나처럼 사람들 앞에서 이야기하는 공연의 직업은, 이야기하는 장소가 문자 그대로 무대이다. 호텔의 연회장, 공민관*지방 자치 단체 등에서 세운 주민을 위한 사회 교육 시설*의 회의실, 학교교실, 세미나–룸, 극장, 어떠한 회장이라도 모두 그 현장이 쇼를 보여주는 무대가 된다.

It's a show time!

어떤 장소라도, 나는 마음 속으로 이렇게 외치고는 무대로 올라
간다.

외치는 순간, 그 시점에서의 '최고의 자신'을 이끌어낼 수 있게
된다.

◆◇◆◇ **힘차게 뚫고 나가는 환희가 브랜드를 만든다**

이전에 간호를 직업으로 삼고 있던 분에게 들은 인상 깊은 이야
기가 있다.

그 분은, 만났을 당시에는 관리직에 있었는데, 헬퍼시절의 간호
업무에 대한 평판이 굉장히 좋았기에 밑의 직원에게 그 요령을 가
르쳐 달라는 부탁을 자주 받았다고 한다.

그는 그 요령을 나에게 다음과 같이 가르쳐 주었다.

'간호라는 일은, 물론 깨끗한 일만 있는 것은 아닙니다만, 저는 매
일 하나의 쇼라 생각하고 진지하게 연기합니다. 기저귀를 갈 때에
도 가능한 한 멋지고 재빠른 동작으로, 다 갈고 나서는 상대에게
들릴 정도의 목소리로 중얼거립니다. 완벽해!...... 라고'

이상하게도, 간호를 받는 사람은 그 한마디에 이루 말할 수 없는 안심을 느끼게 된다고 한다.

그의 방식을 자의식과잉의 행위라고 생각하는가?

그것도 아니면 그저 자기만족일 뿐이라고 생각하나?

자기만족이라며 타인에게 비판당하는 사람은 아직 어중간한 상태에 있는 것이다.

'자기만족'을 초월하는 사람은 '자기감동'의 세계로 들어가게 되고, 그 후엔 누구도 말릴 수 없게 된다.

'나르시시스트'를 뚫고 나간 그곳에 '아티스트'가 있는 것.

프로로써 뭔가를 표현하고자 하는 사람은, 시종일관 자신에 대해 흥미와 관심을 갖고 자신을 갈고 닦기 때문에, 타인으로부터 '자기만족'이라든가 '나르시시스트'라는 지적을 듣는 경우가 많을 것이다.

보통 사람은 누군가에게 지적당한 순간, 주저하거나 거기서 길을 되돌아가 버리지만, 누가 뭐라 한들 관철하는 사람은 어떤 일이든 기꺼이 마주한다. 그리고 거기서 오는 환희를 양분으로 삼아 또 한번 다음 벽을 뚫고 나간다.

◆◇◆◇ **101%의 진화**

어중간한 일상을 뚫고 새로운 세계로 발돋움하는 조건은 단 한가지. 그것은, '무의식 중에 설정해 놓은 자신의 기준을 올리는' 일이다.

우리는 매일 비슷한 일을 반복하는 과정 중에, 번거롭게 고심하지 않아도 되는 일은 '습관'이라는 이름을 붙여 일상 속에 정착시켜버린다.

그 한가지 중에 '기준'이라는 습관이 있다.

훌륭한 결과를 만들어내는 좋은 기준도 있다면, 자신의 가능성을 좁히는 나쁜 기준도 있다. 잘못된 기준을 가지고 있으면, 무의식 중에 자신의 가능성을 제한해버리게 된다.

성숙한 경제사회에서 업적을 올리는 방법 중, '만족'이라는 기준은 이제 더 이상 알맞은 기준이 아니다. 그것은 기준이 아닌 프로세스인 것이다.

'만족을 주다'라고 하는 20세기형 기준에서 '감동을 공유하다'라는 21세기형 기준으로 바꾸는 것만으로도 일이나 인생에 패러다임—시프트가 일어난다.

기준을 올리는 것에 한가지 주의할 점이 있다.

너무나 높은 기준을 상정하면 땅에 발이 닿지 않게 되므로, 조금의 발돋움만으로 닿을 수 있을 만큼의 기준을 설정하자.

자신의 업무현장을 스테이지라고 생각하고 자기브랜드라는 캐릭터를 조금씩 진화시켜 나가는 것이다.

엔터테인먼트 세계에서의 현상유지는 퇴화를 의미한다.

일류배우는, 새로운 무대를 맞이할 때마다 매회 101%의 진화와 성장을 자신에게 부과한다. 이런 철저한 자기제어가 다소 어렵다고 느껴질지 모르겠다.

그러나, 일류배우는 자기제어가 아니라, 단지 그것을 즐기고 있을 뿐이다. 진화해 나가는 자신의 모습에 기쁨을 느끼기 위해서 하고 있는 것이다. 일류배우는 지속적으로 노력하는 것이 가치 있는 일이란 것을 알고 있다.

101%의 진화와 성장이 겹겹이 쌓이면 얼마나 큰 차가 벌어지는지도 알고 있는 것이다.

가부키배우인 이치카와 에비조씨는 프로페셔널이란 무엇이냐는 질문에, '어제의 자신을 넘어서는 일을 반복하는 것'이라고 대답했다.

미국의 정신과의 윌리엄 글래서박사는 '창조력은 자신의 높은 자존심과 비례한다'고 했다.

자존심은 자주 프라이드와 혼동되어 쓰여지는데, 전혀 다른 것이다.

비판적으로 사용되는 '프라이드가 높다(자존심이 세다)'라는 표현에는 '거만한 태도'라는 뉘앙스가 있다. 그것은 그야말로 자존심이 전현 없음을 드러내고 있는 것으로, 자신을 필요이상으로 크게 보이려고 하는 태도에 지나지 않는다.

자존심이란 프라이드가 아니라 '셀프-에스팀'이라고 번역되는, 자신을 존중하고 소중히 한다는 의미이다.

자신을 관철한다는 것은, 한정된 일생에서 '자신의 최고의 모습'을 보기 위해 뭔가를 지속해나가는 어떤 행위다.

101%의 진화를 지속시키기 위해 내가 하는 방법은 아주 심플하다. 그날그날의 다양한 스테이지에서, '오디션'에 응하고 있다는 심정으로 지내는 것이다.

'하루하루가 오디션'이라는 의식을 가지고 있노라면, 살면서 마주치는 기회는 모두 챌린지로 느껴지게 된다. 매일이 오디션이라고 생각하며 사는 사람과, 매일이 같은 일의 반복이라고 생각하며 사는 사람의 반년 후, 일년 후가 어느 정도의 차이로 되돌아올 지 상상해 보라.

◆◇◆◇ 순식간에 원하는 기분을 만드는 법

배우나 연예인 중에 나이를 먹어도 젊어 보이고 얼굴에 빛이 나는 사람이 많은 이유는, 언제나 사람들에게 모습을 비추어야 하는 직업이기 때문임은 너무나도 분명한 사실이다.

사람은 누구라도, 타인이 자신을 보고 있다고 느끼면 그 긴장감으로부터 자동적으로 기분을 활성화시켜 퍼포먼스 또한 활발해진다.

방송현장을 엿보는 TV취재 등의 프로그램을 보면, 사전 협의나 휴식 중인 탤런트의 모습과, 스튜디오에서 카메라가 돌아가기 시작한 뒤의 탤런트의 모습이 너무나도 다른 것에 놀라는 사람들도 많을 것이다.

그들은, 좋은 긴장과 퍼포먼스의 관계를 잘 알고 있는 덕분에 그것이 자연스레 몸에 배어 있는 것이다. 속된말로 기분이 'UP 되다'라고 하는 것은 목소리가 크거나 파워풀하게 움직이거나 하는 상태를 말하는 것이 아니라, 심적 에너지가 높은 상태에 있다는 것을 말한다.

마음의 에너지를 높이기 위해, 마음을 컨트롤하려 해도 보통사람
은 좀처럼 쉽지가 않을 것이다.

우리는 보통 일상생활에서 감정이 바뀌면 움직임도 달라지는 것
을 자연스레 경험한다. 기쁨을 느낄 때면, 몸의 움직임은 활발하
게 되어 얼굴은 위쪽을 향하게 된다. 슬픔을 느낄 때면, 등이 둥그
렇게 되어 시선은 아래를 향하여 좋지 않은 자세가 된다.

배우가 연기를 할 때에는, 이러한 상태를 강조해서 연기한다. 실
은, 연기할 때의 배우는 정말 흥미로운 경험을 하고 있다. 슬픔을
표현하는 몸의 상태나 기쁨을 드러내는 동작을 연기로 하고 있지
만, 정말로 슬퍼지고 또 기뻐지는 것이다.

배우는 언제나, 움직임이 바뀌는 것만으로도 감정이 변한다는 것
을 몸소 체험하고 있는 것이다.

나는 일상도 하나의 무대라고 생각하기에 이 법칙을 일상생활에
서도 적용시키고 있다. 예를 들어, 누구나 승리의 포즈를 취한 적
이 있겠지만, 나는 이 포즈를 취할 때마다 정말 근성이나 의욕이
몸으로 들어오는 것을 느낀다. 그 밖에도, 등을 죽 펴고 턱을 당기
고 정면을 응시하면 기분이 팽팽해짐을 느낀다.

간단한 동작이므로 지금 한번 해보자.

어떤가? 몸을 조금 움직이는 것만으로도 기분에 변화가 일어나는 것을 느낄 수 있을 것이다.

표현력을 풍부하게 만든다는 것은, 남에게 뭔가를 잘 표현하기 위해서만이 아니라 자기자신의 감정을 풍부하게 하기 위함이기도 하다.

자신이 원하는 기분으로 이끌어주는 여러 가지 동작의 메뉴를 많이 만들어 두자. 승리의 포즈나 미소, 총총걸음, 가능하다면 트램펄린도 좋다.

나는 집필을 할 때 방에 틀어박혀 집중적으로 쓰는 타입이기 때문에 이따금 기분전환이 필요하다. 산책을 하거나 듣던 음악을 바꾸거나 갖가지 메뉴가 있기는 하지만, 제일 좋아하는 것은 반경 1미터의 트램펄린을 뛰는 것이다.

물론 공간의 제약상 그렇게 높이 뛸 수는 없으므로 가볍게 통통 뛰는 정도지만, 상반신을 비틀거나 돌리며 자유자재로 뛰어 놀다 보면 마음이 한결 가벼워 진다. 어린 시절 느꼈던 두근거림으로 마음이 들뜬다고 할까?

생리적으로도 정체되어 있던 것이 상하운동을 통해 원활히 순환되므로 어깨결림에도 효과가 있다.

자신이 살아온 과거 속에 자신에게 주어진 재능의 힌트가 있다는 것. 현재, 내가 있는 장소를 '무대'라 생각하고 다른 누구도 대신할 수 없는 자신이라는 엔터테이너로서 사는 것. 이와 같이 자신의 기준을 조금씩 올리며 감동을 창조해 나가는 방법에 대해 이야기해 보았다.

다음은 쵸프라박사가 말한 누구나 갖고 있는 타인을 위해 공헌할 수 있는 독자성의 두 번째, '자신다운 표현방법'을 발견하여 비즈니스로 활용하는 방법에 대해 이야기해보자.

Scene 8. 브랜드마케팅의 4E

일방적으로 물건을 팔기 위한 종래의 방식과는 다른, 새로운 어프로치로 사람들에게 감동을 전하는 법에는 어떠한 것이 있을까? 누구나 자유롭게 자신을 어필하며 가치관이 맞는 사람들과 시공을 넘어 대화를 즐길 수 있는 소셜미디어 시대에는, 팔려고 하면 할수록 팔리지 않는다는 딜레마가 빈번히 일어나게 되었다. 그렇다면 팔려고 하지 않으면서 파는 마케팅이란 도대체 어떤 것일까?

종래의 판매자 시점에서의 마케팅-믹스인 4P^{Product, Price, Place, Promotion}와는 별도로, 자신다움을 살린 쌍방향성을 중시하는 **감동 3.0**의 마케팅은 **브랜딩-믹스의** 4E^{Enthusiasm, Entertainment, Engagement, Experience}라고 하는 4개의 요소가 성공의 열쇠를 쥘 것이다.

브랜딩-믹스의 4E는 마케팅수법인 동시에, 자신다움이 깃든 표현방법을 구축하는 실천적인 수단이기도 하다.

◆◇◆◇ **Enthusiasm**(엔수시아즘, 감동적 열정)

초일류라 불리는 애플의 CEO 스티브 잡스가 실시하는 신상품프레젠테이션의 근저에는, 다른 어떤 경영자도 갖고 있지 않는 감동적인 열정이 있다.

미션−스테이트먼트를 넘어서 패션^{Passion}−스테이트먼트라고까지 불릴만한 그 열정으로, 탁월한 프레젠테이션 능력을 어필하는 그의 스피치에 포로가 된 사람들이 많다는 것은 모두가 인정하는 사실이다.

그가 엮어내는 언어의 향연을 보면, 거기에는 단순한 열의를 넘어 엔수지아즘(감동적 열정)을 느끼게 하는 것들이 다양하게 존재한다. 예를 들어, 펩시콜라의 사장인 존 스칼리에게 자사로 이적해달라고 제안했을 당시, 한번 거절당한 뒤에 잡스가 한 말은 꽤나 유명하다.

'평생 설탕물만 만들 생각인가? 그렇지 않으면 세계를 바꾸는 기회에 걸어 볼 텐가?'(카민 갤로 '스티브 잡스 무한혁신의 비밀' 비지니스북스)

브랜드-마케팅에서 제일 먼저 필요한 것은 테크닉도 이론도 아닌, 자신이 가장 열정을 불태울 수 있는 감동이란 무엇인지를 찾는 일이다.

예를 들어 그것은, 생각하는 것만으로도 안절부절못할 정도의 꿈을 말하는 것. 그리고 대체적으로 제멋대로인 일인칭의 꿈보다도 소중한 누군가를 행복하게 하기 위한 이인칭의 꿈이나, 세상을 보다 좋은 곳으로 변화시키는 삼인칭의 꿈이, 사람을 움직이게 할 정도의 파워를 지닌 열정을 만들어낸다.

잡스는 '제품을 통해 세상을 보다 좋은 장소로 바꾸는 꿈'을 품었고, 스타벅스의 CEO 하워드 슐츠는 '직장도 가정도 아닌 제 삼의 장소를 제안하는 꿈'을 품었다.

두 사람의 꿈은, 각자 두 회사의 '자신다움'을 유감없이 표현하여 사원이나 고객의 마음을 움직일 정도의 파워를 가졌던 것이다.

이제 상품을 팔기만 하는 시대는 끝났다.

그저 상품을 팔뿐인 일인칭비즈니스는, 가격경쟁이라는 불모의 전쟁터에서 아무도 행복할 수 없는 사회를 조성할 뿐이라는 것을 우리는 이제 슬슬 학습해야 한다. 그 상품에 얼마만큼의 부가가치가 플러스되어 있는가?

부가가치란, 본래의 기능에 플러스알파된 제공 측의 열정이라는 이름의 사랑이다.

Enthusiasm에는 '강한 사랑'이라는 의미도 있다.

소중한 사람을 위해(이인칭), 세계를 변화시키기 위해(삼인칭), 자신 외에 할 수 없는 사랑을 부가가치라고 하는 것이다. '눈에 보이는 것'에 '눈에 보이지 않는 것'을 채움으로써 생기는 드라마가 있다.

요리보다는, 정성이 담긴 요리가 더 먹음직스러워 보인다.

프레젠테이션보다는, 혼이 깃든 프레젠테이션이 귀에 쏙 들어온다. 박수보다는, 감사를 담은 박수가 마음으로 전달된다.

마음을 담은 ○○

혼을 담은 ○○

진심을 담은 ○○

배려를 담은 ○○

감사를 담은 ○○

열정을 담은 ○○

애정을 담은 ○○

존경을 담은 ○○

감동을 담은 ○ ○

기쁨을 담은 ○ ○

현대는, 사람들의 마음이 바싹 메말라 있다는 표현이 어울릴 만큼 그야말로 삭막한 시대다. 그런 시대일수록 촉촉한 마음이 깃든 표현은 인상에 남을 것이다.

문장표현의 경우에도 객관적인 표현에서 그치지 않고 마음을 담는 것으로, 사람들을 끌어들이는 힘이 깃든다.

보통문장 :　　　　　미야코섬의 바다는 정말 아름다웠다.

마음이 담긴 문장 :　　미야코섬의 바다를 본 난 '어쩜 이렇게 아름다울까'하는 생각에 빠졌다.

똑같은 아름다움을 전하는 경우에도, 객관적인 사실만을 전하는 표현보다도 주관적인 기분이나 생각을 담은 표현이, 체온이 전달되듯 마음속까지 울리는 것이다.

인생은 무대. 사람은 모두 배우.

우리가 내뱉는 모든 말은 자신이 주연인 인생의 무대를 장식하는 대사다.

배우의 일이란 대사와 동작 하나하나에 혼을 담아 사람들에게 감동을 전하는 것이다. 당신은 소중한 사람을 위해 상품이나 서비스에 무엇을 담겠는가?

◆◇◆◇ **Entertainment**(엔터테인먼트, 감정디자인)

브랜드-마케팅은 고객의 감정을 능동적으로 디자인하는 마케팅이기도 하다. 고객의 감정을 디자인하기 위해서는 연극이나 영화, 쇼비즈니스에서 프로로서 활약하는 '엔터테이너'의 방식을 참고할 수 있겠다.

엔터테인먼트란, 즐거움이나 오락이라는 의미 이외에 '대접하다'라는 의미도 있다. 사람을 즐겁게 하여 대접하는 사람인 '엔터테이너'는 관객의 만족을 목표로 삼지 않는다.

엔터테이너는 감동을 만들어내는 것에 전력을 쏟는다.

그리하여 엔터테이너의 최종목표는 '감사'다. 고객의 '감사'를 받아내는 일. 관객에게 받는 박수(감사)가 연습의 노고(노고라고 생각하는 사람은 적지만)를 한방에 날려버리는 것이다.

한번 감동(감사)해준 관객은 '팬'이 되어 반복적인 호응과 지지를 주며 또 소문까지 내준다.

엔터테이너에게 있어서의 수입이란 관객에게 받는 마음의 '팁. 수입이 적은 것을 세상이나 정치나 관객의 탓으로 돌리지 않고 오로지 스스로의 재능을 갈고 닦는 것으로 돌파하겠다는 기개는, 브랜드인ʌ의 이상적인 롤-모델이라고 할 수 있다.

감정디자인이 가능한 비즈니스-엔터테이너가 되기 위한 기본지식으로써, 먼저 '만족'과 '감동'은 다른 개념이라는 것을 알아두자. 그 차이를 엔터테인먼트용어로 표현하자면 만족은 '예정조화', 감동은 '예정**외**조화'라 할 수 있겠다.

만족과 감동을 뒤죽박죽으로 쓰는 사람이 많으므로 나는 기업을 상대로 한 공연이나 세미나에서 '감동의 방정식™ '이라는 모델을 사용해서 그 차이를 알기 쉽게 설명한다.

물건을 살 때, 구매자는 반드시 그 상품이나 서비스에 대해 '기대'를 갖는다. 값 비싼 상품이나 일류브랜드일수록 당연히 기대도 커지게 마련이다. 상품을 구입한 후, 실제로 사용해 본 단계에서 (서비스의 경우, 서비스를 받고 있는 그 순간) 퀄리티를 실감한다. 그 '실감'이 '기대'대로였을 경우, 구매자는 어떤 감정을 품게 된다. 그것이 '만족'이다.

고객만족이란, 사전기대와 사후실감이 동등한 경우에 소비자가 갖게 되는 감정이다.

이 상태는 '예정조화'의 드라마라는 장르가 된다. 잘 알고 있겠지만 이류, 삼류 드라마 또는 영화에서 흔히 보여지는 패턴이다.

그렇다면 일류 드라마나 영화는 어떨까?

분명 예정조화를 뛰어넘는 뭔가가 있을 것이다.

기대와 실감의 조합방식에 따라 관객의 감정은 다양하게 변화한다.

감동의 방정식™

기대	$\gg$	실감	=	분노
기대	$\gt$	실감	=	불만
기대	$=$	실감	=	만족
기대	$\lt$	실감	=	감동
기대	$\ll$	실감	=	감격
기대	$\lll$	실감	=	감사

감동이란 예정조화를 넘어설 때 생겨나는 드라마라는 것을, 이 방정식으로 이해할 수 있을 것이라 본다. 실감이 올라갈수록 관객의 반응은 감동에서 감격으로, 그리고 감격에서 감사로 랭크-업되는 것이다.

예정조화를 넘어서는 방법은 구체적으로 3가지가 있다.
'기대 웃돌기'와 **'기대 좁히기'**와 **'기대 초월하기'**

'기대 웃돌기'란, 글자 그대로 '기대한 것보다도 높은 실감'을 느끼게 하는 것이다. 기대이상의 성과나 메리트, 기쁨이나 두근거림의 체험을 디자인하는 스탠다드한 방법이라 할 수 있다.

'기대 좁히기'란, 자신은 어떤 사람이며 무엇에 있어 일인자인지를 명확히 하여(브랜딩) 고객의 기대를 좁히는 식으로, 다시 말해 실감의 '표적을 좁히는' 방법이다.

세 번째 방법은 **'기대 초월하기'**라는 어프로치다.

이것은 기대하고 있던 영역은 아니지만, 멋지게 플러스방향으로 뒤통수를 때려 '예정**외**조화'의 감동을 불러일으킨다. 아직 세간에서 가시화되지 않은 영역에서 브랜딩을 하고 싶은 경우, 이 어프로치는 상당히 강력한 비즈니스를 낳는다.

감동을 창조하는 엔터테이너는 이 세가지 가능성 전부에 낮이고 밤이고 도전하고 있는 것이다. 비즈니스-엔터테이너를 목표로 삼을 경우, 한가지 주의할 점이 있다.

영화나 연극에서 기대와 실감의 갭은 글자 그대로 '극적'일수록 관객이 좋아하지만, 비즈니스의 경우 갭이 너무 크면 고객이 따라오지 못 할 수도 있다는 점. 또 영화와 같은 극적인 갭을 제공 측이 끊임없이 제공하는 것 또한 굉장히 어려운 일이다.

'어떤 때는 굉장하고 어떤 때는 보통이더니 어떤 때는 엉망이었다'라고 한다면 그런 사람이나 기업에게 어떤 인상이 남겠는가.

비즈니스에서 지속할 수 없는 일을 무턱대고 시작해버리면, 신뢰와 유대관계로 겹겹이 쌓아 올려야 하는 '소셜캐피탈'은 전혀 기대할 수 없게 된다.

뇌과학적으로도 인간의 뇌는 너무 큰 변화에는 거부반응을 보인다고 한다.

의미파악이 되지 않는 큰 변화는 그 즉시 몸의 위험으로 감지되기 때문이다.

뇌의 기능으로 볼 때, 작은 변화 쪽이 받아들이기 쉬운 것이다.

영화처럼 처음부터 큰 갭을 기대하고 준비해 나가는 경우는 괜찮지만, 비즈니스로 만들어내는 갭은 굉장한 드라마보다는 마음을

담은 자그만 드라마의 지속적인 어필이 결과적으로 고객에게 큰
실감을 느끼게 할 수 있다.

**갭의 정도는, 내 경험상으로 말하면 101%를 기본으로 최대
120%정도까지가 지속 가능한 범위다.**

사랑 받는 브랜드인^이란, 일류 엔터테이너의 요소를 지니고 있
다. 일류 엔터테이너는 Scene7에서 소개했다시피, 101%의 진화
와 자기자신의 성장을 지속적으로 실천하는 사람이다.

비즈니스-엔터테이너란 자신다운 방법으로 약간의 배려, 자그만
친절, 플러스알파의 미소, 뜻밖의 상냥함 등의 갭을 지속적으로
제공하는 것을 통해 고객의 감정을 디자인해나가는 아티스트다.

◆◇◆◇ **Engagement**(엔게이지먼트, 유대감 형성)

미국 인터넷상에서 구두를 온라인판매하는 기업이 있다. 보통 신
발을 살 때에는 실제로 신발을 신어 볼 수 있지만 온라인판매로는
신어 보게 할 수는 없다고 생각하는 것이 보통일 것이다. 그러나
이 기업은 그것을 가능케 했다. 결과는 놀라웠다. 1,300%의 성장
률, 재주문율 75%, 창업한지 10년도 채 안 돼서 연간매출 10억

달러를 돌파하는 실적을 올렸다.

그 기업의 이름은 '자포스*zappos*'

1999년 샌프란시스코에서 태어난 이 기업은 신발온라인판매에 있어서의 불가능한 점을 가능으로 만들기 위해 획기적인 방법을 제시했다. 배송비와 반품배송비는 무조건 무료이며 구매 후 365일 이내에 한해서 옥외에서 신지만 않았다면 몇 번이든 반품 가능하다. 게다가 연중24시간 무휴의 콜센터와 물류센터까지 갖춰져 있다. 콜센터는 외주회사가 아닌 자사에서 운영하고 있다. 고객과의 커뮤니케이션을 중시하여 한 건당 걸리는 대응시간을 미리 계측하여 운영하지 않는다. 그리고 무엇보다 획기적인 건 자포스에서는 서비스를 부가가치라 생각하지 않고 상품 그 자체로써 취급한다.

자포스는 스스로에 대해 이렇게 말한다.

"우리들은 어쩌다 보니 신발을 팔고 있는 '고객서비스 기업'이다."

매스미디어광고에 돈을 들이기보다는 고객서비스에 돈을 들이는 서비스우선의 기업. 서비스를 접한 사람들의 감동으로부터 비롯

되는 '유대감'이 주력상품인 것이다.

자포스의 사이트를 비롯해 개인 블로그나 트위터에는 찬사를 아끼지 않는 고객감동의 목소리가 넘쳐나고 있다. 자포스를 향한 신뢰와 유대감이라는 소셜캐피탈이 늘어나면 늘어날수록 실적 또한 올라가는 것은 자명한 일이다.

2009년, 아마존이 자포스를 인수했다는 뉴스가 세계를 놀라게 했지만 자포스는 그 기업문화나 서비스정책부터 경영진까지 그대로 유지되어 독립된 사업체로써 보다 높은 차원의 성과와 목표를 향해 진화해 나가는 중이라고 한다.

고객지향을 최우선으로 생각하는 양측 회사의 공통분모를 기본으로 한 통합이었기에 가능했던 일이다.

감동 3.0의 시대에는 고객과의 보다 견고한 유대관계를 쌓는 일을 최우선으로 생각하는 자포스와 같은 기업이나 사람이, 비즈니스에 있어서 남보다 한걸음 리드하고 있는 것이다.

소셜미디어라는 무대에서의 감동브랜드란, 기업규모, 법인, 개인의 틀을 깨고 확산되어 널리 퍼져나가는 힘을 지녔다.

'무엇을 파는가'가 아니라, '무엇을 위해 파는가'

그 대답에 대한 힌트가 엔게이지먼트(유대)인 것이다. Scene 3에서 '언행불일치증후군'에 대해 말했다시피, 판매자와 구매자(기업과 고객)의 관계를 '대립적'으로 보는 시점으로는 결코 유대감이 형성될 수 없다.

전쟁용어가 만들어내는 이항대립이 아니라 공감이나 감동, 감사 또는 일체감 등, 눈에는 보이지 않지만 중요한 가치를 창출하는 활동을 우선시하는 자세는 동양적인 장사의 묘미인 것이다.

일본문화의 근저에 있는 '화和]의 정신은 다른 문화나 종교와도 잘 융합하여 미래의 진화로 이어지는 훌륭한 스킬이 될 수 있다고 생각한다. 일본을 비롯한 동양문화가 갖는 감동적인 스킬에 대해서는 제3막에서 자세히 설명하겠다.

Engagement유대관계는 '관계를 만들다'라고 하는 Relation보다 상위개념으로써, 이질적인 것을 융합시켜 전혀 새로운 가치를 창출하는 '하이브리드'와도 비슷하다.

엔게이지먼트는 엔터테인먼트와도 밀접한 관계를 갖는다.

101%의 드라마를 유지해나가는 프로세스의 어딘가에 있는 관계성의 경계선을 넘는 순간, 판매 측과 구매 측의 마음과 마음이 연결되어 Engagement유대관계가 탄생하게 된다.

유대관계를 맺기 위해서는 정보뿐만 아니라 '열정이 느껴지는 표현력의 연마'가 중요하다. 생각을 전달하는 표현력을 연마하면 할수록, 유대관계는 견고하게 자리를 잡아갈 것이다.

공감과 유대감의 시대에는 밝은 희망을 안겨주는 사람에게 사람이나 정보가 모여든다.

밝게 표현하는 요령은 간단하다. 가능한 한 무엇이든 단순 명쾌하게 하는 것. 어려운 것을 보다 어렵게 표현하는 전문가가 아니라 아무리 어려운 것도 보다 쉽게 표현하는 전문가가 요구되는 세상이다.

단순 명쾌하다는 건 심플하고 밝고 명랑한 것이다.

또 밝음은 행복함이나 희망, 두근거리는 꿈을 연상시킨다.

그리고 사람은 자신이 표현한 말에 스스로 영향을 받는다.

표현한 말을 제일 가까이에서 듣는 게 자신이지 않는가.

기업활동에 있어서도, 실적이 떨어진 기업으로부터 밝음(웃음)이 사라지는 게 아니라 밝음(웃음)이 사라진 기업의 실적이 떨어지는 사례가 더 많다.

비즈니스의 수익이 궁극적으로 기업과 고객의 관계성이 구현화된 것이라고 한다면, 웃음이 사라진 기업이나 사람에게 공감하는 인간은 결코 많지 않다는 것이다.

표현력이란, 자신의 풍요로움을 다른 이와 나누어 가지는 것이
다.

◆◇◆◇ Experience(익스피리언스, 체험을 창출하다)

당신이라는 브랜드와 접촉하는 것으로 사람들은 어떤 감동을 체
험할 수 있을까? 그것을 명확히 하는 게 브랜드마케팅의 마지막
E, Experience다.

고객이 어떤 감동체험을 느끼고 어떤 해피엔드로 마무리되기 바
라는지를 명확히 하는 것이다.

감동 3.0의 무대는 '해피엔드'라는 체험을 중시한다. 일상 속에서
일어나는 갖가지 불합리와 갈등, 고민이 당신의 브랜드와 접촉한
사람들에게 회복과 해피엔드를 줄 수 있다면 삶을 살아가는 묘미
와 보람을 느낄 것이다. 그냥 체험이 아니라 해피엔드의 체험을
어떻게 제공할지, 그것을 목표로 계획을 짜고 연마를 쌓는 것이
브랜드마케팅의 진면목이라 할 수 있다.

당신의 브랜드와 접촉한 고객이, 그 순간 구매할지 안 할지는 중
요한 게 아니다. 그 순간 어떤 체험을 했는지가 중요한 것이다.

가령, 그 때 바로 구매하지 않았어도 조금이라도 기쁜 체험, 마음이 따뜻해지는 체험, 힘이 솟는 체험 등, 기대를 넘는 어떠한 감동 체험을 했을 경우, 다음에 살 확률은 틀림없이 높아질 것이다.

소셜미디어 시대에는 그 한 사람의 이야기로 끝나는 게 아니라 그 체험이 몇 천명, 몇 만명에게까지 입소문으로 퍼져나갈 가능성도 꽤 높다.

내가 과거의 저작에서 다루었던 감동기업 중에는, 책을 통한 입소문 효과로 고객이 늘어난 경우도 적잖이 있다.

책의 경우, 팔린 수만큼 퍼져나가지만, 소셜미디어의 전파력은 책이랑은 비교도 할 수 없을 만큼의 규모와 스피드로 퍼져나간다.

자포스의 예처럼 언행일치의 기업활동을 꾸준히 실천한다면 그 입소문은 감동을 체험한 고객으로부터 무한적인 연쇄로 퍼져나갈 것이다.

감동 3.0의 무대에서는 소중한 것을 소중히 여기는 사람 또는 기업이 빛을 발할 수 있는 것이다.

지금, 다양한 업계의 최전선에서는 소중한 것을 소중히 여기는 시도가 구체적으로 시작되고 있다. 예를 들어 택시업계가 그렇다.

일본택시-어워드와 택시드라이버스-페스티벌이라는 두 개의 이벤트에 2년 연속 게스트강사로 등단했던 나는 택시업계의 훌륭한 고객 대처 방식에 대해 많은 정보를 얻었다.

업무 성격상 택시를 자주 이용하는 나는, 많은 운전수를 만나게 된다. 왜 이렇게 언짢은 얼굴로 거칠게 운전할까 라고 생각하게 만드는 운전수도 있는가 하면, 목적지에 도착하는 것이 아쉽다고 느껴질 정도로 뜻 깊은 시간과 공간을 제공해 주는 운전수도 있다.

어느 날, 매우 흡족한 시간과 공간을 제공해 준 드라이버가 이렇게 말했다.

"택시기사로써 당연한 서비스를 제공하고 있는 거죠. 학교 동창회에서 서로 어떤 일하냐는 주제로 얘기하잖아요? 그때, 당당히 택시기사라고 대답하고 싶거든요."

그 말을 듣는 순간, 아주 상쾌한 기분을 느꼈던 걸 아직도 기억한다.

나가노현의 중앙택시는 이렇게 말한다. '택시는 세계에서 가장 작은 무대'

90%이상의 회사가 적자라고 하는 일본 택시업계의 현 상황에 있어, 중앙택시는 실적이 꽤나 양호한 편에 속한다.

중앙택시가 지역주민에게 사랑 받는 지역브랜드로써 그 지위를 확고히 할 수 있었던 이유는, 1998년 나가노올림픽 개최를 맞이하여 모든 택시업계가 올림픽이라는 특수한 수요에 들끓고 있을 때에도 지역주민을 우선으로 생각하는 대응을 취했기 때문이다. 동종업계의 다른 회사들이 각국 보도관계자의 대여요청을 받아들여 거의 모든 택시를 그 쪽에 집중시킬 때에도 중앙택시는 단 한 건의 대여요청도 받지 않았다. 그것은 병원의 통근을 위해 이용하는 사람이나 다리가 불편한 사람, 노인 등, 평소 자신의 다리로써 택시를 이용하던 손님이 갑자기 이용을 못 하게 되면 매우 불편해 할 것이라는 게 이유였다. 게다가 이러한 결정 또한 당시 근무하고 있던 운전기사로부터의 제안을 수용한 것이라고 한다.

"사장님, 올림픽 기간 중에 언제나 우리회사 택시를 이용해 주는 할아버지, 할머니는 어떻게 합니까? 어떻게 병원에 가고, 또 어떻게 장을 보러 가겠습니까?"

당시 사장이었던 우츠노미야 츠네히사씨(현 회장)는 이 말을 듣고 뒤통수를 세게 얻어맞은 것 같은 느낌이었다고 한다.

정말로 소중히 여기지 않으면 안 될 고객이란 누구인가?

승무원총회를 열어 협의한 결과, 전원 일치로 '올림픽 특수수요'보다 '지역주민'이 중요하다는 결과가 나왔다고 한다.

택시기사는 원래 성과급의 비율이 높아서 대여요청에 응하는 쪽이 수입으로는 더 짭짤하다. 사실, 동종업계 다른 회사들은 올림픽 기간에 통상의 3배에 달하는 실적을 올렸다. 그 수입을 포기해서라도 평소의 소중한 고객을 위해 최선을 다하는 것. 이것이 중앙택시의 선택이었던 것이다.

결과적으로, 올림픽 기간 중에 보도관계자 대여로 집중된 탓에 택시를 이용할 수 없게 된 타사의 단골고객들이 중앙택시로 집중되는 것은 불 보듯 뻔한 일이었다. 그리하여 중앙택시는 일반시민으로부터 신뢰를 얻어 올림픽 이후에도 계속적으로 실적을 올려나갈 수 있었다.

목발을 집고 다니는 여중생을 위해 겨우 5분 거리를 태워준 것에 대한 감사의 편지나, 전동휠체어를 택시에 싣기 위해 장장 한 시간 동안 해체하고 목적지에 도착해서는 다시 조립해주었다는 기사라든가 중앙택시가 운영하는 공항퀵서비스라는 사업으로 패스포트나 지갑을 두고 온 경우, 공항까지 전해준 이야기까지, 수많은 에피소드를 갖는 회사가 되었다.

이러한 사연들도 특별한 것이 아니라 응당 해야 할 일이라 생각하며 고객중시의 업무를 자랑스레 여기는 택시기사들에게, 고객의 감사의 편지와 말 한마디는 큰 보람이 된다. 우츠노미야씨가 '영구보존판'이라고 하는 어떤 할머니로부터 받은 엽서가 있다.

"나는 행복합니다. 중앙택시 기사님들은 모두 사려가 깊어요. 택시를 타면서 행복을 느낍니다. 손이 떨려 생각대로 잘 쓰지 못해 죄송합니다."

곧바로 이 할머니의 집을 방문하여 보물과 같은 엽서를 주신 것에 대한 감사의 말을 올리자, 할머니는 '사실 그대로 썼을 뿐이에요. 설령 택시를 안타더라도 길에서 중앙택시를 보는 것만으로도 마음이 뿌듯해져요'라고 했다. 감격한 우츠노미야씨가 물러나려고 인사를 올리자, 할머니는 '얼마 남지 않은 삶에 행복을 줘서 고마워요'라는 말을 남겼다고 한다.

중앙택시가 조례에 사용하는 헌장(발췌)

우리들은 나가노시민의 시민생활에 있어 필요불가결한 존재로서, 더욱이 교통약자·고령자에게 있어서 없어서는 안 될 존재다.

우리들과 접촉하는 것으로 '살아가는 용기'가 솟구치고 '행복'을 느끼며 '친절'의 소중함을 알아 주시는 많은 분들이 계신다.

우리들은 손님에게 있어서 언제까지라도 없어서는 안 되는 존재가 되어, '이 사람들이 있어주어 정말로 큰 도움이 됩니다'라고 무심코 눈물과 함께 기쁨을 느낄 수 있도록 노력할 것이다. 우리회사는 그런 분들에 의해서만 구성되는 회사다.

중앙택시가 창출하는 체험은 고객 인생의 한 장면을 함께 장식하는 사람의 체온에 의해 보다 따뜻한 것이 된다. 그리하여 그것은, '눈물과 함께 기쁨을 느끼는 사람들에 의해서만 구성되는 회사'라고 단언할 수 있는 해피엔드의 멋진 한 장면이다.

Scene 9. 공감과 이야기가 소문을 만든다

'놀자'고 하면

'놀자'고 한다.

'바보'라고 하면

'바보'라고 한다.

'이제 안 놀아'라고 하면

'안 놀아'라고 한다.

그리고 나중에

쓸쓸해져

'미안해'라고 하면

'미안해'라고 한다.

메아리일까요,

아니요, 누구라도.

이것은 시인 카네코 미스즈씨의 '메아리일까요' *[카네코미스즈전집] JULA출판*
國라는 작품이다. 어떤 경영자는 이 시를 읽고 '이것이 경영이다'라
고 말했다고 한다.

사원의 단점을 불평하는 경영자는 이류라고 불린다. 그것은 '메
아리'이기에.

사원을 칭찬하는 경영자는 일류라고 불린다. 그것은 '메아리'이
기에.

경기가 안 좋다고 하면 경기가 안 좋아진다. 그것은 '메아리'이
기에.

어쩌면 '메아리'는 '말의 혼言靈'이 아닐까?

"자신이 내뱉은 말은 자신에게 돌아온다. 이 말은 항상 잊어서는
안 될 진리라는 생각이 든다."

◆◇◆◇ 선동에서 감동으로 – 조작주의의 종언

소비자가 구매를 결정할 때에 참고하는 건, 기업의 광고가 아니라

친구나 지인, 체험자의 입소문을 믿고 결정한다는 사람이 78%에 달하고 있다(2009년Nielsen Global Consumer Survey).

판매자 측이 구매자 측을 조작하여 돈을 벌어들이는 비즈니스방식은 이제 3가지 이유로 종언을 맞이하고 있다.

첫 번째 이유는, 인터넷혁명에 의해 정보의 투명성이 높아진 소셜미디어의 발전이 그렇다. '입소문을 조작하는 전략'이 한때 유행했던 적도 있었다. 그러나 기업이 뒤에서 컨트롤해서 만들어낸 입소문은 정보가 투명하게 공유되는 환경에 의해 쉽사리 간파 당해, 오히려 신뢰를 잃게 되었다.

조작주의가 효과를 잃게 된 두 번째 이유는, 서브프라임 문제로 드러난 이익지상주의의 붕괴와 성과주의적 모티베이션의 한계다. 패자는 병들고, 승자 또한 타버릴 대로 다 타버려 재가 되는 비극을 낳았다.

그리고 결정적인 세 번째 이유는, 시대의 분위기다. 마지막 이유로 추상적인 '분위기'라는 개념을, 그것도 '결정적'이라는 형용사로 가지고 온 것이 다소 의아할지도 모르겠다. 그러나 '분위기'란, 우리의 지난 역사를 돌이켜 볼 때, 패러다임시프트를 일으킬 때에 매우 중요한 역할을 차지한다.

작가인 야마모토 나나히라씨는 저작 '분위기'의 연구^{분슌문고}에서
'분위기'에 대해 말하기를, "그것은 상당히 강고하고 거의 절대적
인 지배력을 갖는 '판단의 기준'으로써, 그것에 저항하는 자를 이
단으로 취급하여 '항분위기죄'라는 암묵의 죄목을 붙여 사회적으
로 매장시킬 정도의 힘을 가지는 초능력'이라고 표현하며 치밀한
검증을 통해 그 위험성과 극복 가능성을 소개하고 있다.

'분위기'는 한번 형성되면 전쟁조차도 긍정해버리는 강력한 힘을
갖기 때문에 우리는 그것을 항상 의식하고 감시할 필요가 있다.
그러나, 내가 일부러 '시대의 분위기'를 플러스적인 의미로 사용
하는 것은, 사람들의 생각이나 바램이 자연스레 만들어내는 것 또
한 '분위기'이기 때문이다.

그렇다면 현재 확연하게 인터넷을 통해 글로벌화된 세계가, 인간
성회귀라는 분위기를 플러스로 활용하여 사람들을 행복하게 만
들기 위해 존재해 왔던 '경제'라는 운영체제를 본래의 모습으로
되돌리려는 것은 아닐지 기대를 갖게 된다.

◆◇◆◇ 디지털과 아날로그가 협연하는 시대

Scene. 1에서, 디지털-커뮤니케이션이 발달하면 할수록 아날로

그적 인간성의 가치가 높아진다는 아름다운 역설을 말한바 있다.

여기서 말하고 있는 아날로그라는 말은 정보신호에 대한 것이 아니라 디지털의 가상적 체험과의 대비에서 본, 리얼한 인간적 체험이라는 의미로 말하고 있는 것이다.

디지털과 아날로그가 이항대립을 그만두고 상호보완하는 관계를 구축하기 시작했다.

사람은 본래, 공감한 것을 다른 이에게 전하고 싶어한다.

감동한 것은 모두와 공유하고 싶은 것이다.

아날로그이자 인간적인 이 감정의 특성은, 디지털의 힘을 빌려 한 사람의 감동이 순간적으로 같은 가치관을 공유하는 몇 만 명의 사람에게 전파되어 나간다는 점이다.

현재 확인되어 있는 것을 보면, 디지털을 통해 가장 확산되기 쉬운 요소는 두 가지. 그것은 '**공감**'과 '**이야기**'다.

2010년 6월 13일 19시 51분, 약 60억 킬로의 여행을 마치고 7년 만에 지구에 귀환한 소혹성탐사기 '하야부사'는 무사히 캡슐을 분리하고 22시 51분경 대기권에 돌입했다. '하야부사'는 잠시 동안 아름다운 별똥별이 되었다.

그 미션은 38만 킬로 떨어진 소혹성 이토카와에 착륙하여 샘플

채취작업을 실시하고 다시 지구로 귀환하는 결코 쉽지 않은 작업이었다.

자세제어장치의 고장과 연료누출에 이어, 엔진이 설계수명을 초과하는 등, 귀환할 수 없을지도 모른다는 절망적인 의견이 오가는 와중에도 숱한 난관을 이겨내고 지구로 돌아온 '하야부사'는 캡슐을 분리해야 하는 대기권돌입 직전의 순간, 그러니까 본체가 타들어가기 바로 전에 마지막 임무를 수행했다.

 그것은, 마지막 힘을 쥐어짜내어 촬영한 지구의 모습. 마치 눈물이 번진 듯한 형상의 지구사진을 본 세상사람들은 감동하지 않을 수 없었다.

지구로 귀환하는 모습은 어째서인지 TV에서는 일절 공개하지 않고 인터넷 영상으로 세계에 중계되며 확산되었다.

트위터 등의 소셜네트워크를 통해 영상에 대한 감동의 코멘트가 넘쳤다.

마치 기계에도 목숨이 있는 것처럼 다들 '하야부사'의 귀환을 축복했다.

TV라고 하는 종래의 미디어가 중계조차 하지 않는 와중에 '하야부사'의 귀환을 애타게 기다리던 사람들의 마음은 인터넷이라는 새로운 디지털미디어를 통해 감동의 이야기를 만들어낸 것이다.

디지털과 아날로그의 융합.

사람은 소혹성탐사기라는 '기계'에게조차 공감할 수 있는 것이다. 그건, 거기에 스토리가 있기 때문이다. 스토리는 본격적인 입소문을 유발하고 한층 더 새로운 이야기를 만들며 무한대의 입소문을 창출하기에 이른다.

소니, 코카콜라, 나이키, 애플, 토요타 등, 세계규모의 브랜드는 '파워브랜드'라 불린다. 그건 파워풀한 드라마를 연출하는 글자 그대로의 브랜드를 말한다.

감동 3.0의 세계에서는 여기에 또 다른 중요한 브랜드가 대두된다. 그건 바로 '공감브랜드'

지역별로 특화된 브랜드기업이든, 공감으로 묶인 팬들을 갖는 개인브랜드인ㅅ이든, 규모의 크고 작음과 관계없이 사람들을 감동시키는 것에는 공통점이 있다. 명확한 미션을 가지고 진지하고 열정적으로 자신만의 퍼포먼스를 연출하는 일. 그것은 누구나 가능하다. 사람과 기업, 그리고 기계인 '하야부사'까지도. 사람들은 우주라는 광활한 무대에서 씩씩하게 연기한 '하야부사'의 모습에 자신의 사명을 우직하게 수행하고 완수하려는 인간의 아름다움을 본 것일 게다.

공감브랜드인ˇ이란 자신을 최대한으로 연기하는 사람이다.

누구도 대신할 수 없는 자기자신이라는 역할을 진지하게 연기하며 그 삶의 방식으로 주변사람에게 희망이나 용기, 감동이나 기쁨이라는 체온이 느껴지는 드라마를 전하는 사람이 공감브랜드인ˇ인 것이다.

◆◇◆◇ 꽃을 팔기 위해 꽃말을 판다

2009년 10월, 나는 9번째 책 '세상에 하나뿐인 선물'의 출판기념 공연으로 전국투어를 하고 있을 때였다.

지금까지의 저작에 게재된 감동에피소드를 한 권의 책으로 정리한, 음악으로 치자면 베스트앨범과 같은 작품이었으므로 피아노의 라이브연주와 함께 에피소드를 낭독하는 구성으로 나고야, 오사카, 후쿠오카, 도쿄의 전국 4개 지역의 투어를 개최했다. 최종공연을 음악의 세계적 전당인 '산토리홀'에서 장식하려는 최고의 시나리오도 구상하고 있었다.

나는 언제나 자신의 강연을 회장에 있는 사람들과 함께 만들어가는 하나의 협연작품이라 생각하고 있기에 일부러 '공연'이라는 표현을 사용하고 있다.

 비즈니스와 아트를 융합시킨 자신다운 이 스타일이, 언젠가 예술로서 인정받을 날이 오기를 내심 꿈꾸고 있었다.

산토리홀은 클래식을 중심으로 한 음악홀이어서 통상적으로 강연회장으로는 내주지 않는다. 그래도 나는 산토리홀의 홈페이지에 쓰여 있던 '어떤 말'에 공감을 느껴, 음악과 언어의 융합으로 표현되는 내 공연의 의미와 생각을 담당자에게 전한 결과, 보기 좋게 심사를 클리어하여 공연허가를 받아낼 수 있었다.

공연당일, 많은 분들의 서포트 덕분에 소형홀인 '블루로즈'의 만석을 넘는 350명의 사람들이 참석해 주었다. 산토리홀에서의 공연은 이루 말할 수 없을 만큼 멋진 체험이었다.

소리의 울림이 좋았을 뿐만 아니라 마음의 울림까지 증폭되는듯한 아우라에 둘러싸여 회장에 있는 모든 이들과 일체감을 느끼며 공연할 수 있었다. 이로써 꿈 한가지가 이루어졌다.

산토리홀 홈페이지에는 이렇게 쓰여 있었다.

이 소형홀은, 많은 아티스트인 모든 이에게

새로운 도전의 무대로써 활용해 주기바라는 마음으로

'블루로즈'라고 이름 지었습니다.

블루로즈. 파란장미

파란장미는 과거 800년간의 품종개량의 역사 가운데 단 한번도 성공하지 못한 케이스로, 불가능의 대명사로 일컬어지기도 했다.

원래 파란색 색소를 만들기 위한 유전자가 장미에는 없었다고 한다. 최첨단의 바이오테크놀로지를 사용하여 파란장미를 꽃피우게 할 방법은 없을까?

누구도 본적 없는 꽃을 꼭 보고 싶다!

행복의 기분을 세상에 전하고 싶다!

세상에 없는 파란장미를 만들어서!

이러한 연구원들의 뜨거운 바램이 14년의 개발기간을 거치고 끝내 결실을 맺어 세계최초의 파란장미가 탄생했다. 그 파란장미에는 이런 이름이 붙게 되었다.

'어플로즈*applause*'

그 의미는 '갈채'

그리고 파란장미의 꽃말은 '이룰 수 없는 것'에서 '꿈은 이루어진다'로 바뀌었다.

파란장미를 보면서 꿈을 포기하지 않는 굳은 의지를 느끼길 바라는 개발자들의 올곧은 마음이 전해져 온다.

09년 11월, 시중에 판매된 파란장미 '어플로즈'는 개발이야기에 대한 공감과 기품 있는 아름다움이 입소문으로 이어지며, 예약쇄도로 인해 구매를 위해 최소 3주는 기다려야 할 정도로 대히트를 쳤다.

◆◇◆◇ 이야기로 표현하는 요령

고대부터 현대에 이르기까지, 사람은 이야기로 지혜를 전승해 왔다. 성서 또한 이야기형태를 취하고 있고 구전동화도 이야기다. 그리고 사람은 어느 시대든지 공감 가는 이야기에 마음을 빼앗긴다.

스토리의 성격을 갖는 문장에는 많은 사람에게 전파되는 파워가 잠재되어 있다. '하야부사'나 '블루로즈'의 이야기처럼 사람들의 일상 또한 제각기 세상에 단 하나뿐인 오리지널 단편드라마인 것이다.

하루하루 일어나는 사건들을 감동적 시점으로 관찰하며 드라마를 캐치해내는 시력을 단련하자.

아주 조금일지라도 기대를 넘어서는 사건을 찾아내어 그것에 감사하는 습관을 들인다면 드라마를 캐치해내는 시력은 점차 높아질 것이다.

이야기로 표현하는 요령을 터득하려면 먼저 드라마란 무엇인가를 알 필요가 있다.

드라마란 A라는 상태에서 B라는 상태로 바뀌는 변화의 예술이다.

고독했던 남자가 사랑에 빠졌다.

가난한 자가 부자가 되었다.

삶을 지루해하던 그녀가 감동을 느꼈다.

마음을 닫고 있던 아버지가 마음을 열었다.

울고 있던 아이가 웃었다.

이야기는 과거, 현재, 미래의 시간축 안에서 전개된다.

스토리의 성격을 갖는 문장을 표현하고 싶은 경우에는 그 시간을 3개의 씬으로 표현하면 된다.

그것은 오프닝과 메인과 클라이막스의 3가지로 나뉜다. 헐리우드에서도 쓰리액트(3장구성)라 불리는 가장 많이 쓰이는 스토리구성법 중의 하나이다. 비즈니스에서 고객의 해피엔드스토리를 만들 경우에도 그대로 적용할 수 있다.

스토리가 있는 비즈니스란, 행복해지기를 바라는 사람의 얼굴을 클라이막스로 설정하여 그 씬을 구체적으로 이미지화시킨 후, 거기부터 역산해서 스토리를 구축해 나가는 어프로치다.

해피엔드로부터 이야기를 뽑아내는 것. 비로소 비즈니스는 '스토리'로 바뀐다.

◆◇◆◇ 데이터에 드라마의 성격 부여하기

데이터라는 객관성을 나타내는 숫자에 드라마의 성격을 부여하는 것을 통해 보다 '인간다움'을 표현할 수 있다.

"긴 시간에 걸쳐 소혹성을 탐색해 온 '하야부사'가 지구로 귀환했다."가 아니라, "약 60억 킬로의 여행을 마치고 7년 만에 지구로 귀환한 소혹성탐사기 '하나부사'는 무사히 캡슐을 분리하고 22시 51분경, 대기권에 돌입했다. '하나부사'는 잠시 동안 아름다운 별똥별이 되었다."라고 하는 것이, 보다 드라마의 성격을 느낄 수 있는 것이다.

자신을 소개하는 프로필 또한, **숫자**를 효과적으로 디자인하는 것
으로 '자연스러움'과 '신빙성'이 부가된다.

참고로 나의 기업용 프로필을 소개해 본다.

히라노 히데노리

공연가. 비즈니스작가.

유한회사 드라마틱스테이지 대표이사.

일부상장기업 비즈니스맨 겸, '연극'의 무대배우로써 **10년간** 활
동.

'고객을 매혹시켜 감동을 창조'하는 갖가지 감동수법을 체득한 경
험을 기초로 '연극'과 '마케팅' 그리고 '심리학'을 융합시킨 독자
적인 '감동창조법'을 개발. 비즈니스맨과 연극배우의 **두 마리 토
끼**를 잡으며 기업의 극적인 V자 회복에 큰 공헌을 한 실적을 갖
는다.

2004년에 독립하여 일본에서는 **유일무이한** 감동프로듀서®로서
대기업부터 중소기업까지 연간 **200회** 이상의 공연 및 기업지도
를 열어 감동창조의 비법을 전파하고 있다. 누계 **20만 명**을 넘는
수강체험자들 중에는 기업, 개인 할 것 없이 지속적으로 의뢰를
요청하는 팬들이 많다.

2009년 10월에는 세계적인 음악의 전당 '산토리홀'의 무대에서

공연을 허락한 최초 공연가이기도 하다.

국내출판 **9권**, 해외번역출판 **7권** 등 다수.

포인트가 되는 곳에 효과적으로 숫자가 디자인되어 있는 것을 알 수 있을 것이다. 이 숫자는 내가 브랜드화의 과정에서 체험한 드라마를 가리키는 것으로 자신다움을 표현하는 데이터이기도 하다.

여기에 소개한 프로필은 공연가, 비즈니스작가로서의 브랜드를 표현하기 위한 최적의 항목과 데이터를 채용하고 있지만, 당연히 독자의 프로필은 앞으로 연기할 브랜드의 캐스팅에 따라 최적이 되는 항목 또한 달라질 것이다.

감동을 공유할 협연자(고객)가 '무엇을 알고 싶어하는지'와 '자신다움의 무엇을 강화시키고 싶은지'를 잘 조절하여 결정하는 것이 항목의 선택기준이 된다.

Scene 10. 개성을 제대로 살리는 관리법

세상을 판단하는 가치관의 기준은 시대에 따라 변화한다.

불과 얼마 전까지만 해도 일본에서는 단점으로 인식되었던 '튀어나온 말뚝'은 지금에 와서는 오히려 장점으로 재인식되어 가는 중이다.

개인 자체가 미디어가 됨에 따라, 동일한 가치관을 갖는 많은 사람들의 마음을 끌어들일수록 공감 받는 개인브랜드로써 고객의 신뢰와 평판을 모을 수 있게 되었다.

기업 내 개인브랜드가 한 회사를 먹여 살리기도 하는 시대에, 이제 기업측은 사원을 브랜드(튀어나온 말뚝)로 육성하는 시책이 필요하게 되었다.

조직 안에서 일원의 개성을 살리기는 것에 있어 종래의 관리형 매니지먼트는 그 기능을 발휘하지 못한다. 왜냐하면 '튀어나온 말뚝'은 관리를 싫어하기 때문이다.

개성이 강한 개인들이 모인 집단을 활성화시켜 조직의 목적을 수행하고자 한다면 연극의 연출가나 영화감독의 방법론을 참고할 수 있겠다.

개성을 제대로 살리는 조직을 형성하기 위한 관리자로서의 적임은 관리하는 사람(매니져)이 아니라 연출가(프로듀서)임을 다시 한번 강조하고 싶다.

그렇다면 뛰어난 연출가란 어떤 사람을 말하는가?

그건 아주 간단하다. 작품과 배우의 매력을 최대한으로 이끌어내는 사람이다.

개성을 살리는 프로듀스의 요점은 이렇다. 경영이라는 작품의 스토리와 거기에 맞추어 사원이라는 배우가 어떠한 역할을 수행하길 바라는지의 두 가지를 명확히 하여 서로 공유하는 것이다.

경영의 스토리란 '비전'을 뜻한다. 모든 인원이 생생히 눈 앞에 떠올릴 수 있는 비전은 실현가능성이 높은 이상적인 비전이다.

경영자의 역할은, 우선 자사의 이념을 누구라도 한눈에 알 수 있는 비전스토리로써 구체화시켜 제시하는 일이다.

프로듀서(경영자가 겸하는 경우도 있음)는 그 비전스토리를 사원(캐스트)과 공유하고 실행하기 위한 구체적인 시나리오를 짜는 사람인 것이다.

애플의 잡스가 제시하는 '우주에 충격을 주다', '싱크 디퍼런트', '오늘 애플이 전화를 재발명한다'등의 헤드라인은 캐스트(사원)뿐만 아니라 게스트(고객)까지도 공유 가능한 비전을 제공하고 있다. 이미 시나리오작법의 솜씨가 예술의 경지에 이르렀다고나 할까.

비전이라고 하는 큰 벡터로 방향을 제시한다면 개성으로 먹고 사는 개인을 자유분방하게 키워 나갈 수 있을 것이다.

◆◇◆◇ 프로듀서란
개인과 조직의 가능성을 최대화하는 사람

화가 르누와르의 차남이자 프랑스를 대표하는 영화감독이었던 장 르누와르는 감독의 마음가짐에 대해 다음과 같이 말했다.

"내가 하는 일은 관리가 아니다. 감독이라고 하는 것은 조산부와 같다. 배우는 자신의 내면에 갖고 있는 뭔가를 의식하지 못한다. 그럴 때 그것을 알려주는 것이 감독의 일이다. 배우가 자기자신을 발견하도록 도와주는 것뿐이다.”

위의 말은 개성이 강한 부하를 프로듀스할 때의 가장 중요한 마음 가짐과도 일맥상통한다.

‘배우가 자기자신을 발견하도록 돕는 일’이란, 그야말로 개인이 자신다운 재능과 표현방법을 발견하는 브랜딩과정을 서포트하는 것이다.

브랜드인ⁿ이라면 누구나 업무를 통해 자신다움을 살리고 그 잠재된 가능성을 발견하고 싶어한다. 만약 그것을 서포트해주는 조직이 있다면 그는 마음 깊숙이 신뢰와 유대감을 느끼고 자연스레 능력을 발휘하여 조직과 함께 목표를 실현해 나가지 않겠는가.

◆◇◆◇ 창조성이란 이질적인 것을 융합하는 것

시대의 에너지란, 진자의 추처럼 한 쪽으로 치우치면 다시 반대로 돌아오는 법이다. ‘개성중시’가 지나치면 타인을 배려하지 않는 ‘개인주의’가 되고, ‘협농성’이 지나치면 운동회의 달리기 시합에서 다같이 손을 잡고 일제히 결승선을 끊게 하는듯한, 퇴폐한 ‘평등주의’가 되어버린다.

연극 등의 예능의 세계는 어찌 보면 개성이 강한 개인주의적인 사람들의 집합처럼 보일지 모르나, 함께 작품을 만드는 동료로서 부적격한 사람은 언제까지고 출세하지 못한다. 때론 일반적인 비즈니스의 세계보다도 더욱 엄격하다.

개성을 빛내면서도 동료와의 협동성 또한 필요로 하는 꽤나 냉엄한 세계라 할 수 있다.

평등주의도 개인주의도 아닌 실력주의의 공평한 세계인 것이다. 주변과의 밸런스를 조절하면서도 자신만의 확고한 포지션을 만들지 않으면 안 되는 것이다. 더구나 배우는 연기하는 배역의 성질에 따라 남성성과 여성성의 밸런스를 조절해야만 한다.

지금 되돌아보면, 나는 배우생활을 통해 이질적인 것을 융합시키는 것이 무의식 중에 습득된 것 같다.

21세기의 키워드를 융합이라 한다면 누구라도 멋진 활약이 기대되는 시대다. 강함과 상냥함, 대담함과 섬세함 등, 언뜻 보기에 이질적인 것을 융합시킴으로써 창조성은 발휘된다.

프로듀서로서 가장 중요한 일은 개인과 조직의 가능성을 최대화하는 일이다. 개인과 조직이라는 어쩌면 대립적인 이 관계성을 상승효과를 발휘하는 유기적인 관계로 변화시킴으로써 개인과 조직의 가능성은 최대화된다.

예를 들어, 극단이나 영화의 제작현장에서 가장 잘 먹히는 관계성은, 관계되는 사람 모두가 주역이라는 생각을 공유할 때 성립한다.

극단이든 기업이든 한 사람 한 사람의 배우나 사원이 모두 똑 같은 일을 할 필요는 없다. 즉, 서로 관련된 일을 하지만 각자 맡은 역할을 충실히 하여 전체의 퍼포먼스를 최대화하는 것이 목적이다.

'모두가 주역'이라는 의미는 스토리상의 주인공은 한 사람이어도 주역은 한 사람이 아니라 각 캐스팅의 파트를 맡고 있는 사람 모두가 그 역할의 '주된 역' = '주역'이라는 생각이다.

모두가 주역이라는 사고방식을 공고히 하면 할수록 주인공과 조연이 유기적으로 또 유연하게 협동하는 조직이 된다.

그것은 수동적인 상하관계가 아니라 역할분담에 따라 캐스팅된 능동적인 한 팀인 것이다. 팀 안에서의 관리직이란 '관리라는 역할의 주역을 연기하는 사람'일뿐 '잘나거나 높은 사람'이 결코 아니다.

부하는 관리자의 손발이 아니라, 팀의 일원인 것이다.

'유기적'이라는 관계를 인간의 인체에 비유하면 알기 쉽다. 손이나 발, 뇌나 심장은 부분으로 보자면 따로따로이지만 서로 '유기적'으로 연결되어 있다. 손이나 발은 뇌가 지령을 내리면 움직이고, 심장이 활동함으로써 손이나 뇌에 혈액을 공급할 수 있다. 역으로 손과 발의 움직임으로 뇌를 단련할 수도 있다. 뇌와 심장이 주역을 두고 경쟁하며 싸우는 일 따위는 인간의 몸에서는 있을 수 없는 일이다.

비전이라는 목적을 실현하기 위해, 모두가 유기적으로 한데 묶여 개개를 더한 합산 그 이상의 창조력을 발휘하는 절묘한 캐스팅을 각자 짊어지고 가는 것이다.

Scene 10에서는, 기업조직에서의 튀어나온 말뚝(기업 내 개인브랜드)을 활용하는 법이라는 토픽으로 이야기해 보았다. 그런데 기업에 소속되지 않는 독립한 개인브랜드의 경우에도 그대로 적용할 수 있는 이야기다.

개인브랜드와 기업 내 브랜드의 유일한 차이는 개인의 경우, 자신이 자신을 프로듀스해야 한다는 점뿐이다.

물질의 풍요로움을 충분히 누리고 있는 성숙한 사회에 요구되는 기업활동이란, 물건을 만들고 이벤트를 기획하는 수준을 넘어 이

제 사람만들기(프로듀스)의 단계에 도달했다.

조직내의 역할분담(캐스팅)은 '제너럴리스트'인지 '스페셜리스트'인지의 선택이 아니라, 사람에게 두근거림이나 기쁨, 행복을 전하는 '배역', 그리고 감동을 창조하는 '아티스트'를 육성해야 하는 시대에 이르렀다.

제 3 막

감동 3.0의 실천 브랜드를 빛내는 Heart Skill

Quotations from Hirano

꽃은 마음,

씨앗은 노력이어라.

◆◇◆◇ 그 옛날, 일본인의 자질에는 세계인의 공감을 부르는 것이 있었다.

PC의 발명, 인터넷의 세계적 보급, 소셜미디어의 출현이라는 디지털커뮤니케이션의 3대혁명이 인간의 관계성과 비즈니스의 존재방식을 뿌리부터 바꿔버렸다.

개인이 정보를 발신하고 대화하는 소셜미디어시대에 브랜드를 넓혀나가기 위해서는 트위터나 페이스북의 사용법이라는 표면적인 방법론이 아니라, 울타리가 사라진 세계에서 한 사람의 인간으로서 인정받고 신뢰를 얻어나가는 아날로그적 스킬이 중요하다는 것을 지금까지의 Scene에서 이야기해 왔다.

모티베이션 3.0(두근거림이나 사회에 공헌하고 싶은 내적 동기부여)이나 우피(사람에게 도움을 주고 사람을 기쁘게 하는 등의 일을 착실히 반복하는 것으로 쌓이는 신뢰감)를 향한 큰 공감 등의 웹의 세계적 흐름은 현실세상 속 비즈니스의 근본을 흔드는 쇼킹한 혁명이 되었다.

기뻐해야 할 것은 그 큰 흐름이 일본인이 예부터 중요하게 생각해 온 '마음을 소중히 하는 문화'로 회귀하고 있다는 것이다.

'덕을 쌓다'는 발상, 다도에서 보여지듯 유대관계를 중시하는 가

치관, '초심을 잊지 말 것' '감출 수록 매력'처럼 제아미[世阿弥, 1363년

경~1443년경: 일본의 전통 가무악극인 노(能)를 완성한 예능인으로 수많은 작품을 남기는 다작가이자 23부집

에 이르는 예론서, 화전서(花「書)의 저자]가 전하는 사람의 마음에 감동의 꽃을 피

우게 하는 비결 등, 세계로 통용되는 갖가지 일본의 미의식과 미

학. 수백 년 전, 일본인의 자질에는 세계인의 공감을 부르는 것

이 있었다.

◆◇◆◇ 미학은 스킬이다

잘 알려지지 않은 이야기이지만 일본에는 200년 이상 이어져 내

려오는 회사가 약 3,000개 정도된다. 이 수치는 세계 1위이며 2위

인 독일의 800개와 비교한다 해도 경이적인 수치라 할 수 있다.

장수하는 비즈니스를 가능하게 만든 것은, 제2차 세계대전 이후

에 형성된 지극히 일본적인 경영시스템이 아니라 훨씬 이전부터

일본인의 가슴 속에 있던 '미학의 스킬'이다.

가치관이나 기준(스탠다드)의 변화가 가속화되어가는 시대에, 흔

들리지 않는 기둥(중심축)을 자기 안에 굳건히 세우고 싶다고 많

은 사람들은 생각할 것이다.

팔아치우기 위해 계속해서 새로운 테크닉을 사용하는 카멜레온 같은 상대로부터 뭔가를 구매하고자 하는 사람은 그다지 많지 않다. 그와 반대로 일관된 중심축을 세운 신뢰할 수 있는 상대에게서 구매하고 싶은 것이 소비자의 보편적인 심리다. 또 그것은 재구매와 입소문으로까지 확장된다.

브랜드인△이 세우고 싶은 기둥은 단 한가지. 그것은 미학이라는 중심축.

이 책에서 소개하고자 하는 것은 도덕이나 역사로써의 미학이 아니라 판매에 있어서 압도적으로 이윤을 내기 위한 아주 실질적인 스킬에 대한 미학이다.

비즈니스에 신뢰와 유대를 요구하는 세계적 흐름 속에서 자기자신이나 기업조직을 더할 나위 없이 중요한 브랜드로써 확립하기 위한 감동창조 스킬에 대한 미학인 것이다.

정감이 넘쳐 따스함이 느껴졌던 수백 년 전 일본의 미학은, 가슴이 메말라 있는 현재 일본의 비즈니스에 혁명을 가지고 올 'Heart Skill'로써 재조명할 수 있을 것이다.

'얻다', '돈을 벌다'의 의미를 지닌 한자 저儲를 부수 별로 나누면 '신자信者'라고도 할 수 있을 것이다. 돈을 벌려면 '신자' 즉, '팬'을

만들어야 한다는 지혜가 한자 속에 숨겨져 있는 것일지도 모른
다. 팬이 늘어나면 돈이 벌린다는 장사의 미학은 브랜딩의 방법
론 그 자체와 다를 바 없다는 것을 이 책을 통해 십분 이해하고
있으리라 본다.

제3막에서는 세계에 통용되는 합리성과, 인간적 정서를 융합한
실천적인 옛 일본의 미학으로 어떻게 비즈니스를 성공시키는지
에 대해 논해 보자.

Scene 11. 영원한 고객을 만들자

에도시대, 시가현의 비와코 남동쪽에 위치한 오우미지방에 '오우미상인'이라 불리는 상인들이 있었다.

멜대^{물건을 양쪽 끝에 달아서 어깨에 메는 데 쓰는 긴 나무나 대}를 어깨에 메고 자기 고장의 토산품을 다른 지방에다 팔며, 돌아올 때는 그 지방에서 산 물건을 다시 자기 고장에서 파는 독특한 상법으로 합리적인 장사를 했다고 한다.

'파는 사람 좋고 사는 사람 좋으니 세상도 좋다'의 '셋 다 좋다'라는 경영이념을 가지고 '멜대 하나로 천냥을 번다'는 말과 함께 많은 성공한 자들의 전례가 있었다고 한다.

파는 사람, 사는 사람의 당사자들은 물론 '세상도 좋다'라는 현재의 CSR^{기업의 사회적 책임}과도 통하는 훌륭한 밸런스감각을 지니고 있었던 것.

오우미상인의 흐름을 이어받은 기업에는 상사^{商社}, 백화점, 방적회사 등, 수많은 장수기업이 있다고 한다. 세계에 통용되는 오우미상인의 지혜는 '장사십훈' 속에 응축되어 나타나 있다.

일. 장사는 세상을 위한, 사람을 위한 봉사로써 이익은 그에 마땅한 보수로다.

이. 가게의 대소보다 장소의 좋고 나쁨, 장소의 좋고 나쁨보다 물건의 좋고 나쁨.

삼. 팔기 전의 겉치레보다 판 후의 봉사, 이것이야말로 영원한 손님을 만들지니.

사. 자금이 적음을 걱정하지 말고 신용이 부족함을 걱정해야 할 것이라.

오. 억지로 팔지 마라, 손님이 좋아하는 물건을 팔지 마라, 손님을 위한 물건을 팔 지어라.

육. 좋은 물건을 파는 것은 선한 일이요, 좋은 물건을 널리 많이 파는 것은 더욱 선한 일이다.

칠. 종이 한 장이라도 경품은 손님을 기쁘게 한다. 붙여 줄 것이 없을 때는 웃음을 경품으로 할 지어라.

팔. 정찰을 지켜라, 값을 깎게 하는 것이 오히려 손님의 기분을 나쁘게 하고 말 것이리라.

구. 오늘의 손익을 항상 고려하라. 오늘의 손익을 명확히 하지 않고는 잠들 수 없도록 습관을 들여라.

십. 장사에 호황, 불황은 없다. 어느 쪽이든 간에 벌지 않으면 안 될 지니.

십훈의 어느 항목이든 현대의 비즈니스에 그대로 적용할 수 있는 훌륭한 교훈이지만, 이 책에서는 **감동 3.0적** 미학을 가지고 개인브랜드를 확립하기 위해 실천하고자 하는 Heartskill로써, 일, 삼, 사, 오, 칠의 다섯 가지 교훈을 해설하겠다.

◆◇◆◇ 장사는 세상을 위한, 사람을 위한 봉사이며 이익은 그에 마땅한 보수로다.

오우미상인의 거래에 있어서의 기본적 입장은, 자신의 형편이나 상황을 우선하지 않고 자신과 상대가 함께 성립하는 것*winwin*을 고려하는 태도를 중시했다고 한다.

별 두드러짐 없이 표현되어 있지만 이 교훈은 비즈니스의 대단히 중요한 두 가지를 가르쳐 주고 있다.

첫째, 이익을 얻는 순서는 우선 '세상을 위해, 사람을 위해' 좋은 일을 하는 것. 그렇게 하여 얻은 '신용' '신뢰'가 자신에게 이익을 가지고 온다는 사고방식이다.

둘째, 이익을 얻는 다는 것은 '마땅한' 보수라는 청결함. '돈을 벌어들이는 것은 좋지 않은 일'이라는 잘못된 인식이 비즈니스의 발전을 저지하는 일이 적지 않게 있다.

셋 다 좋다. 세상을 위해, 사람을 위해 좋은 일을 하고 그 보수로서 당당히 돈을 번다는 것은, 쌍방향성의 **감동 3.0**의 비즈니스가 지향하는 길이기도 하다. '셋 다 좋다'도, **감동 3.0**도, 똑같이 '3'이라는 숫자가 사용되는데, 그 이유는 '쌍방향성' 안에서는 대립하는 것조차도 융합하여 새롭고 보다 좋은 것을 창조한다는 동일한 어프로치를 갖고 있기 때문이라 본다.

◆◇◆◇ 팔기 전의 겉치레보다 판 후의 봉사, 이것이야말로 영원한 손님을 만들지니

구매자 측의 입장에 서보면 이 말의 뜻을 마음 깊이 이해할 수 있지만, 어째서인지 판매자 측에 서면 곧 잘 잊게 되는 태도의 하나다.

속된 말로 '팔면 장땡'이라는 방식은, 누구나 정보발신자가 될 수 있는 소셜미디어 시대에 구매자인 그 고객을 잃을 뿐만 아니라 앞으로의 잠재고객까지도 잃을 확률을 높이는 것이다.

예를 들어, 판매 후까지 확실히 서비스하여 신뢰와 유대로 묶여 있는 자동차 딜러세일즈들은 전근으로 근무처가 바뀌어도 가능하면 딜러를 따라가려는 고객이 많다고 한다.

이점이 감동브랜드인의 기본적 특징이라고도 할 수 있는 서비스 펄스트의 태도인 것이다.

팔기 전의 어떤 말보다도 판 후에 하는 마음이 담긴 한마디가 영원한 고객을 만든다.

'영원한 고객'

감동브랜드인ᐳ이 관계를 맺어나가야 할 협연자의 이름. Scene 8에서 거론했던 미국기업 '자포스'의 경영방침은 정확하게 이 교훈과 일치한다.

자포스에게 있어 서비스는 코스트에 속하지 않는다. 그것은 비즈니스의 장기적 성장을 향한 투자라는 경영이념이 밑바탕에 깔려 있기 때문이다.

자포스의 CEO 토니쉐이는 고객서비스를 가장 효과적인 마케팅으로 생각하여 자사를 '서비스에 포커스를 맞춘 기업문화'라는 식으로 표현한다.

현재의 미국에 있어서 재주문율 75%를 자랑하는 자포스의 성장을 볼 때, 옛 일본의 오우미상인의 지혜가 얼마나 선진적이었는지 알 수 있다.

'팔기 전의 겉치레'

'판 후의 봉사'

'영원한 고객'

언어가 갖는 혼의 힘일까, 오우미상인이 만들어 낸 표현을 읽고 있자면 자포스의 경영지침이 보다 선명하게 세포에 주입되는 감각을 느낀다.

◆◇◆◇ 자금이 적음을 걱정하지 말고 신용이 부족함을 걱정해야 할 것이라

규모나 자금의 크기가 아니라 고객으로부터의 신용·신뢰야말로 최고의 경영자원인 것이다.

처음 방문하는 고객에게 몇 번이고 다시 찾게 만들기 위해 오우미상인은 '정직함'이라는 최강의 수단을 사용하여 신용이라는 눈에 보이지 않는 재산을 쌓아나갔다. 제공하는 것의 가치를 최우선으로 하는 것은 현대 소셜미디어의 투명한 환경 하에서도 가장 중시되는 것 중의 하나다.

팔기 위한 테크닉만으로 어쩌다 상품이 팔렸다고 해도 그 상품이

나 서비스의 품질이 그다지 높지 않을 경우, 팔면 팔수록 고객의 신뢰감만 떨어질 뿐이다.

제1막에서 소개한, 소셜네트워크의 세계에서 유대관계를 구축해 나가는 것이 비즈니스의 발전에 중요하다는 이야기와, 지금으로 부터 300년도 넘는 전 시대인 오우미상인의 사고방식이 공통된 다는 점은 실로 흥미 깊게 느껴진다.

내가 '감동'이라는 테마를 추적하게 된 계기를 제공해 준 극작가 츠카 코우헤이씨는 평소에 배우들에게 이렇게 말하곤 했다.

"모처럼 돈을 내고 보러 와 준 손님이 극장을 나가면서, '또 내일 부터 희망을 갖고 힘차게 살아가야지'라고 생각하도록 만드는 것 이 우리의 일이다."

"배우라는 것은 F1레이싱카와도 같은 것이다. 도로에선 결코 달 리지 못하는 차가 전력질주로 달리는 것을 보며 관객은 흥분하 는 것이다."

연극이라는 장사는, 배우가 그 자신을 연마하여 전력질주의 에너 지로 일상을 넘어서는 드라마를 통해 손님의 기운을 북돋아주는 일이다. 그것이 신용과 신뢰를 쌓아가는 유일한 수단이다. 몸뚱이 하나로 삼라만상의 세계를 표현하며 사람들 마음에 감동의 꽃을 피우는 연극인.

무대 위에서 온 힘을 다해 관객을 대하는 연극인과, 장사라는 무대에서 높은 기준을 갖고 성심성의껏 손님을 대하는 오우미상인은 그 한가지 점만 봐도 매우 닮은 존재라고 생각한다.

◆◇◆◇ 억지로 팔지 마라, 손님이 좋아하는 물건도 팔지 마라, 손님을 위한 물건을 팔 지어라

이것 또한 굉장히 시사적인 이야기라 할 수 있겠다.

억지로 팔면 손님이 떨어져나간다는 것은 이해하기 쉽지만 오우미상인의 가르침은, '손님이 좋아하는 물건도 팔지 마라'고 말한다.

고객의 니즈를 조사해서 그것을 판매하는 것이 고객만족형 비즈니스라고 지금껏 생각해 왔는데, 어째서 고객이 좋아하는 것을 팔면 안 된다는 걸까?

'자신이 무엇을 원하는지, 그것을 직접 보기 전까지는 잘 모르는 것이 대다수의 사람들이다'라고 애플의 스티브 잡스는 말했다.

팬을 포로로 만드는 애플제품의 특징을 멋지게 표현한 말인데, 재미있게도 오우미상인의 마인드와 상당히 가깝다고 볼 수 있다.

만족이 아닌 감동을 끌어내기 위해서는 예정조화가 아니라 상상을 살짝 뛰어넘는 '드라마'가 필요하다는 말이다.

손님이 좋아하는 물건을 팔기보다 손님을 위한 물건을 판다는 우선순위가 의미하는 미학이란, 결과적으로 손님의 마음속에 원랭크 위의 드라마를 만들어내겠다는 의지를 뜻한다.

고객을 중시하는 것에서 시작된 고객만족이라는 훌륭한 어프로치(감동 1.0)가 언제부턴가 '고객영합'이 되어버린 것은, 판매자 측이 '고객의 취향'이라는 표면적이고 애매한 니즈에 끌려 다니기 시작한 결과인 것이다.

소비의 선택범위가 너무나도 넓어져 버린 현대에 있어서 정작 정말로 원하는 게 무언지를 잊어버린 사람들도 결코 적지 않다.

'손님을 위하는 물건을 판다'

이것을 기본으로 한 시대를 초월하는 비즈니스의 지혜를, 나 또한 자신의 미학으로써 지속해나가고 있다. 공연의 내용도 기업이 좋아할만한 것이 아니라 그 기업에게 도움이 될만한 것을 엄선하여 구상하고자 노력한다. 바로 매출이 오를만한 표면적인 테크닉이 아니라 몇 년이고 써먹을 수 있는 스킬을 전할 수 있도록 신경 쓰는 것.

물론 그것을 실천하려면 무엇이 실제로 상대에게 도움이 될지를 통찰하는 정보수집과 연구의 노력이 빠져서는 안 될 것이다.

◆◇◆◇ 종이 한 장이라도 경품은 손님을 기쁘게 한다. 붙여 줄 것이 없을 때는 웃음을 경품으로 할 지어라.

시장경제가 돈의 오고 감에 따라 기능하고 있는 것과 반대로, 선물의 주고 받음으로 기능하는 기프트경제라는 구조 또한 동시병행으로 세상에 존재한다.

지금까지의 인류와 동물을 대상으로 한 연구에서도 무리를 위해 공헌하는 사람이나 동물이 가장 큰 영향력을 지니는 경우가 많다고 한다.

현대에도 온라인백과사전 위키피디아에 유용한 정보를 무상으로 써넣는 행위나, 인터넷서점 아마존의 서평에 무상으로 투고하는 행위, 오픈소스−프리소프트 '리눅스'의 개발에 무상으로 협력하는 행위 등, 돈이라는 보수 이외(칭찬이나 평가, 두근거림 등)의 거래가 확연히 존재하고 있다.

돈은 쓰면 쓸수록 줄어들지만, 기프트는 보내면 보낼수록 '감사와 은혜'가 늘어난다. 기프트를 보내는 일은 소셜캐피탈(사회적 신뢰저금)을 늘려가는 일이다.

소셜미디어시대에 '감사와 은혜'이라는 신뢰저금이 늘어날수록 팬들에 의한 입소문과 매출이라는 사회로부터의 기프트는 되돌아오는 것이다.

그리고 가장 중요한 것은, 감동을 창출하는 행위가 이 기프트경제의 인간성과 시장경제의 합리성을 융합시키는 새로운 차원의 경제활동이라는 것이다.

'웃음을 경품으로 하라'

웃음은 주변 사람을 행복하게 하는 감동창조의 가장 기본적인 스킬이다.

굉장한 기프트를 떠올리기 전에, 아주 조금 표정근육을 움직이는 것만으로도 할 수 있는 웃음이라는 기프트를 보내는 것은 어떤가?

우리는 얼굴의 형태나 신체조건 따위를 스스로 결정할 수 없지만 표정이나 자세는 스스로 선택할 수 있다.

표정은 자신다움이 가장 여실히 들어나는 하나의 스크린이다. 평소 표정이 빈곤한 사람은 표정근육이 사용되지 않는 만큼 그 근육이 쇠약해져 있을 것이다. 웃음이 아름다운 사람은 아름다운 일상을 보내고 있는 사람이다.

표정근육도 보통 근육과 같기 때문에 사용하지 않으면 퇴화할 것이고 사용하면 할수록 퍼포먼스 또한 늘어날 것이다.

표정도 자세도, 자신을 표현하는 가장 알기 쉬운 시각효과이므로 무대 위의 자신을 빛내기 위해서 자신의 표정과 자세에 언제나 신경을 쓰며 움직임에 색을 입혀보자.

Scene 12. 주객일체

일본의 미학이 농축된 전통문화의 진수는 '도^道'에 있다.

고대일본에서부터 전해지는 전통이나 문화는 물론, 해외로부터 받아들인 문화조차도 일본문화의 '도'의 영역으로 승화시키는 융합을 통해 자자손손 전수해 왔다. 그리하여 일본은 세계적으로 흔하지 않은 '도의 문화'를 확립시켜 온 것이다.

차는 다도로, 꽃은 화도로, 유술은 유도로, 검술은 검도로 하여 진화를 거듭하며 현대에 이르기까지 계승되고 있다. 그 가운데, 일본 다도의 세계에서는 '주객일체'라는 대접의 마음이 있다.

대접하는 측뿐만 아니라 손님 측도 그 곳의 분위기를 함께 만드는 역할을 지닌다는 흥미로운 의미를 갖는 작법이다.

제아미^{世阿弥}가 주창한 '일좌건립^{一座建立}'이라는 말과도 일맥상통하는 그것은, 연기자와 관객이 일체가 되는 시간과 공간을 만드는 것을 뜻한다.

작가인 이노우에 야스시는 '일좌건립'을 다음과 같이 표현했다.

'일좌건립'이라는 말은 좀처럼 익숙해지지 않는 어려운 내용을 내포하는 말처럼 들리지만, 결코 그런 것은 아니다. 다도의 즐거움도, 순박함도, 고귀함도, 마침 그 한자리(일좌)에 모여 서로를 존경하고 마음을 합쳐 잠시간 모든 것이 온화해지는 고귀한 시간을 공유하고자 하는 기분. 그 기분이 있으므로 하여 처음 갖게 되는, 다른 어떠한 것으로도 이것을 대신 할 수 없다는 그런 느낌을 말하는 것이리라.'

◆◇◆◇ 굉장한 일을 하는 것이 아니라, 질을 향상시키는 것

감동창조는 일방적으로 굉장한 일을 하는 것이 아니라 쌍방향의 관계 속에서 서로가 풍요로워지는 양질의 시간과 공간을 창조하는 것이라고 이 책을 통해 몇 번이고 강조해 왔다.

타인중심도 자기중심도 아닌, 자타중심의 세계. 양질의 시간과 공간이란, 거기에 모여드는 사람들이 만들어내는 일체감이라는 체험의 하나다. 일체감은 제공 측과 고객 측의 어느 한쪽만으로는 만들어낼 수 없다.

연극으로 말하자면 연기자뿐만 아니라 관객까지도 '협연자'가 되어 함께 감동을 창조하는 것이 '주객일체'이자 '일좌건립'인 것이다. 쌍방향을 중시하는 **감동 3.0**의 세계는 일본전통문화의 근저에 있는 '도'의 문화에서 유래하는 것이다.

대접의 질을 높이는 첫걸음은, 스스로가 '높은 질의 대접을 받는 사람'이 되는 것이다.

세상에는 크게 나누어 '대접한 보람이 있는 사람'과 '대접한 보람이 없는 사람'이 있다. 아무리 정중히 대접해도 그것이 으레 당연하다는 듯 거들먹거리는 사람은 '대접한 보람이 없는 사람'에 속한다.

서비스를 제공하는 측도 인간이기 때문에 기본적인 서비스야 누구나 제공하겠지만 플러스알파의 대접을 할지 어떨지는 인간 대 인간으로서 마음의 교류가 필요한 것이다. 따라서, 대접한 보람이 있는 사람은 대접한 보람이 없는 사람보다 높은 수준의 대접을 받을 찬스가 추후로도 계속 늘어난다.

대접한 보람이 있는 사람이란, 인간으로서 기본적인 예의를 갖춘 사람을 말한다.

대접해준 것에 대해 예의를 표현하는 것.

감사의 미소를 나누는 것.

소소하게라도 기뻤던 일이나 감동한 것을 확실히 전달하는 등, 할 수 있는 것은 많다. 높은 수준의 손님을 연기하여 높은 수준의 대접을 많이 체험하는 것으로 마음이 풍요로워지고 대접의 스킬 또한 점점 풍부해진다.

감동 3.0의 무대는 쌍방향의 관계성 속에서 만나고 이야기 나누며 감동이라는 행복한 체험을 공유하는 장면의 연속으로 구성되어 있다.

감동의 무대를 만드는 것은 거기에 모여드는 각본가이며, 연출가이며, 배우이며, 스태프이며, 관객인 것이다.

그리고 무대를 진행시키는데 가장 중요한 역할을 갖는 것은 말로써 엮어내는 '대사'인 것이다.

◆◇◆◇ 말을 빚어내는 바텐더

기후현 오오가키시에 '조용한 감동'을 제공하는 BAR가 있다고 한다.

그 BAR의 콘셉트는 '정말 소중한 것은 눈에 보이지 않는다'라고 한다. 어느 날, 지인에게 BAR의 마스터가 내 책의 팬이라는 이야기를 들었다.

그 마스터에게서 받은 메일에는 다음과 같이 쓰여 있었다.

'BAR Lien^{리언}의 공간에 동動이 아닌 정靜의 감동을 만들고 있습니다. 선생님의 저서에 성실히 몰두한 결과, 손님이 행복해하는 만큼 매출 또

한 오르고 있습니다.'

이 이야기에 대해 좀 더 듣고 싶다고 생각한 나는, 마스터인 가타야마 료타씨와 일정을 조정하여 만날 약속을 잡았다.

'21세기는 마음의 시대'가 될 거라고 생각한 가타야마씨는 '유대'와 '감사'를 가장 중요하게 여기는 일을 찾기 위해 다니던 직장도 그만두고 '대접하는 따뜻한 마음'을 제공하고자 요식업의 길에 뜻을 세웠다.

조리사의 길은 병으로 인하여 도중에 단념할 수 밖에 없었지만 반년 간의 치료 끝에 '진짜로 소중한 것은 눈에 보이지 않는 것'이라는 것을 깨닫고 샐러리맨 시절에 수집해 왔던 술 400병을 바탕으로 개업하게 되었다고 한다.

가타야마씨는 '조용한 감동'이 탄생한 경위를 조용하지만 뜨겁게 다음과 같이 이야기해주었다.

바텐더란, BAR에 Tender^{상냥함}의 등불을 지피는 직업입니다.

사람의 좋은 모습을 찾아내어 그 좋은 점을 술과 말과 시간으로 극대화시키고자 노력했습니다. 손님의 마음에 귀를 기울이며 '괜찮아요' '난 당신 편이에요'라는 자세로 차분히 말을 걸며 영업에 임한 결과, 어느 순간부터 손님의 귀중한 코멘트를 받게 되었습니다.

'BAR Lien에 오길 잘했다'

'여기 오면 마음이 편해져요'

'맛 있는 술을 먹는 것 이상의 멋진 시간을 즐길 수 있다'

'마스터 보러 오는 거에요'

따로 선전을 하지 않는데도 불구하고 입소문만으로 많은 손님이 찾아주십니다.

히라노씨의 책에 쓰여 있던 감동에 있어서의 각본, 연출, 무대, 배우…… 연극을 예로 든 그 세계관은 BAR에도 동일하게 적용할 수 있는 개념이었습니다.

그래서 '내 인생의 각본, 연출, 무대를 설정하고 그 세계를 BAR에서 펼쳐보자'는 생각에, 저는 손님을 행복하게 하는 각본 만들기에 들어갔습니다.

행복한 소재거리를 찾고자, 들여오는 술도 반드시 드라마틱한 것을 전제로 주문을 했습니다.

손님에게 전해줄 만한 에피소드가 있는지 없는지가 주류를 매입할 때의 저의 선택기준입니다.

드라마를 지닌 술로 손님의 드라마를 이끌어내는 것이죠.

이 연출은 결코 화려하지 않습니다. 오히려 수수한 느낌이죠.

손님의 마음속까지 전해지는 한잔을 제공하기 위해 글라스에 신경을 쓰고, 얼음에 신경을 쓰고, 물에 신경을 쓰고, 빛, 소리, 고객층, 공간 전체의 세부사항을 배려합니다.

사람을 행복하게 하는 말을 수집하고 불행이나 고민, 문제, 고통을 해소해주는 프로세스를 배워, 강요가 아니라 BAR라는 공간이 연출하는 드라마의 시나리오를 통해 자연스럽게 마음을 띄워 보내는 겁니다.

어디까지나 잔잔하게, 어디까지나 포근하게, 품위 있게, 스타일리쉬하게. 은근히 분위기를 촉진시키는 겁니다.

선술집의 서비스를 눈부시게 빛나는 '태양'이라고 한다면, 저의 서비스는 밤하늘을 은은하게 비춰주는 '달'이라고 생각합니다.

모두가 어두울지라도 밝게 비춰주는 것.

그것도 달빛처럼 은은한 빛 아래에서 BAR에 오는 분이 '진짜로 소중한 것'을 깨달을 수 있는 시간을 제공하는 것.

온화한 말투, 말하는 동안의 손짓, 목소리의 높낮이. 아나운서강좌라든가 뇌기능 등의 공부를 통해 많은 것을 배웠습니다.

'정靜의 감동'이란, 열정을 다해 선사하는 '동動의 감동'과는 다릅니다.

그것은 내부로부터 솟아오르는 '항상 내 편인 사람' '나를 이해해주는 사람' '나를 인정해주는 사람'과 같은 안심이자 신뢰의 느낌인 것이지요.

'그 곳에 갈 생각을 하면 언제나 힘이 난다'

손님으로부터 이런 말을 듣고 싶은 걸지도 모르겠군요.

BAR Lien에서 느낀 '정靜의 감동'이 현실을 통해서 '동動의 감동'으로 바뀌면, 자신감을 회복한 손님이 또 다른 손님을 데리고 와 줍니다. 이러한 흐름이 현재 호황을 누릴 수 있는 이유라 생각합니다.

가타야마씨는 술을 만들 뿐 아니라 말을 빚어내는 바텐더이기도 하다. 실연의 상처를 떨쳐내기 위해 술을 마시러 왔다는 젊은 여성에게, 그는 술 대신 말을 선물했다.

'글쎄 내 말 좀 들어봐요, 어제 남친이랑 헤어졌단 말에요. 아… 정말 최악이야'

'문자로 바이바이라니! 어이가 없어서… 헤어지려면 적어도 만나서 직접 말해야 하는 거 아녜요?'

'에이– 술이나 마셔야지'

그는 잠시 그런 그녀의 마음과 어떻게 마주해야 할지를 생각해보았다. 가타야마씨가 도달한 결론은 '말'. 말로 그녀의 기분을 평온하게 해주기로 결심했다.

'손님, 바이바이의 어원을 아시나요?'

'몰라요, 그런 건'

자신만의 브랜드를 만드는 법 **감동 3.0**

아직 흥분이 채 가시지 않은 그녀였지만 글라스에 따라진 맥주를 한 모금 마시더니, '그래서 그게 뭔데요?'

'바이바이는 영어로 bye-bye, goodbye를 의미한다고 하는데, 그 어원은 'by by'였다고 해요. 의미는 '쭉 곁에 있을게'에요'

그녀는 갑자기 침묵에 잠겼다.

'일본어의 사요나라의 어원도 이와 비슷해요. 정식으로 일본인사말의 시작과 마지막을 표현하면,

안녕하세요, 오늘 기분은 어떠세요?

~ 본문(내용)

그렇다면(사요우나라바), 안녕히 계세요.

이런 식이 되지요.

'오늘 기분은 어떠세요?'라는 질문에 대한 상대의 대답을 들은 뒤, '아, 그렇군요. 그렇다면 정말 다행이네요.'라고 할 때의 '그렇다면(사요우나라바)'이라는 접속사가 '잘가~ 안녕(사요나라)'이라는 인사로 생략된 것이지요. 예전 사람들은 사람의 몸과 태양이 밀접한 관계를 갖고 있다고 생각했다고 해요.

당신 몸 속의 '해님'의 상태는 어떠합니까? 라고 물을 때 '별일 없습니다'라는 괜찮다는 의미를 갖는 말에 대해서 '예, 그것 참 잘됐군요. 아무쪼록 몸조심하세요'라는 의미로 '사요나라'라는 말이 형성된 거

에요.

바이바이도 사요나라도 현재는 헤어짐의 인사지만, 사실은 따로 의미와 근원이 있었다는 겁니다. 그 말을 하는 본인이 어떤 생각을 갖고 말하는지는 알 도리가 없지만, 이 말의 본뜻을 알고 쓰던 옛사람들은 이 말에 어떤 바램을 담았을 까요?'

'바램이요?'

'네, 분명 헤어짐은 누구나 힘들죠. 혼자보단 둘이 있을 때가 훨씬 안심되고 즐겁고 마음이 편합니다. 하지만 혼자가 되는 순간, '항상 곁에 있어' '괜찮을 거야'라는 말이 갖는 마법으로 상대가 평온하도록 기원을 담은 게 아닐까요?'

좀 길어진 이야기를 진지하게 듣고 있던 그녀는,

'뭐 하긴, 그 사람이랑 마주보려 하지 않았던 건 나도 마찬가지였던 거 같아요'

라고 말한 그녀는 아까까지와는 전혀 다른 침착한 태도로,

'바이바이… 음… 아마도 우린 서로에게 편안함이나 즐거움을 주지 못했나 봐요, 그렇다고는 해도…'

말끝을 흐린 그녀는 다음 손님이 올 때까지 느긋하게 마스터와 서로에 대해 대화하기 시작했다.

가타야마씨는 언어에 대해 다음과 같이 표현하고 있다.

'BAR에 있어서 말은 음악과 같은 거에요. 공간을 만드는 요소이기도 하고 시간에 흐름을 촉진시키는 요소이기도 하죠. 말이 넘치면 멋이 없고 말이 너무 적으면 즐거움이 없죠. 맛있는 술을 내놓는 것 이상으로 말 할 타이밍이나 톤, 말투, 속도 등에 신경을 써요. 실제로 말이라는 건 독이 되기도 약이 되기도 하잖아요. 그런 면에서 술이랑 서로 비슷한 게 많아요. 사람에게 상처를 주는 게 아니라 위안하고 존중하고 인정하고 이해하는 활동을 소중히 여기고 싶은 거에요. 와 주시는 손님이 오기 전보다 가실 때에 더욱 큰 평온과 행복을 느낄 수 있는 BAR를 목표로, 손님이 있을 편안한 공간을 소중히 하고 멋진 시간의 흐름을 촉진시키며 언제나 행복한 말을 빚는 바텐더이고 싶습니다.'

이루 말할 수 없이 훌륭한 '정静의 감동공간'은 이러한 생각에서 탄생했던 것이다.

분위기나 말이 갖는 힘을 BAR라는 무대에서 손님과 함께 협연하는 가타야마씨의 방식은, 융합의 시대를 살아가기 위한 **감동 3.0**의 비즈니스의 세계를 보여주고 있다는 느낌이다.

주객일체.

그것은 경쟁사회를 헤쳐나가기 위한 Win-Lose의 관계가 아닌, 그렇다고 Win-Win도 아닌, 이미 시작된 21세기형 융합사회를 살아가기 위한 새로운 관계성인 **Happy-Happy**라고 하는 자타감동의 세계를 말하는 것이리라.

Scene 13. 서파급

스피치나 프레젠테이션을 할 때, 같은 정보라도 전하는 방식에 따라 잘 전달되는 경우와 그렇지 못한 경우가 있다.

어디에 차이가 있느냐 하면, 잘 전달되지 않는 말이나 글에는 공통적으로 '드라마'가 없다. 드라마틱한 말솜씨나 글짓기에는 독특한 리듬감이 있다.

이 리듬의 감을 잡으면 누구라도 '드라마틱한 전달'을 할 수 있다.

고전극 중의 하나인 그리스비극이나 셰익스피어를 시작으로 현대의 영화나 TV드라마들은 대부분 '3막 구성'의 리듬을 갖고 있다.

헐리우드에서는 '쓰리액트(3장 구성)'라 불리는 스토리구성법으로 유명하지만 일본에서는 600년도 더 전에 제아미에 의한 서파급*이라는 말로 전해진다.

*序破急; 일본 무악(舞樂)·능악(能樂)의 구성형식, 기승전결

'서파급'의 '서'는 도입부로서 제1막을 구성한다.

관객이 이야기를 이해하는데 필요한 정보를 제공하면서 이야기 전개의 준비를 하는 단계라 할 수 있다. 기본적인 리듬의 특징은 잔잔하게, 그리고 천천히.

'파'는 이야기의 핵심부분으로, 메인스토리가 크게 전개된다. 여기서는 이야기의 힘을 몰고 가는 것을 중시하며 제3막까지 흥미진진하게 연결해 나간다.

'급'은 클라이막스.

이야기가 해결되며 전하고자 하는 메시지가 관객에게 전달된다.

예정조화의 결말로 카타르시스를 느끼게 할 것인지, 예상외의 결말로 여운을 남길 것인지는 전하고픈 메시지에 따라 달라진다.

이 책 자체도 서파급의 3막으로 구성되어 있으므로 몇 번이고 읽다 보면 그 리듬감을 체험할 수 있으리라 본다.

책을 쓰는 것만이 아니라 공연에서 스피치를 할 때에도 나는 3막 구성을 채용한다.

'서파급'의 리듬을 기호로 나타낸다면 '?'와 '!'와 '~'의 3가지다.

'?'로 어라? 하고 의문을 갖게 하여 주의와 흥미를 이끌어내는 도입부.

'!'로 우와! 하고 놀랄만한 메인스토리를 전개하여,

'~'로 아~ 그렇구나. 하는 납득과 공감을 자아낸 뒤, 여운을 남기며 이야기를 끝맺는다.

2010년 7월, 세계적 명저 '7가지 습관'의 저자, 스티븐 R 코비박사가 내일來日하여 록뽄기아카데미힐스에서 세미나를 연다는 빅이벤트가 있었다.

세미나의 첫날, 행사종료 후에 개최되는 친목회에 초대 받은 나는 게스트스피치를 하게 되었다. '7가지 습관'은 나 자신 또한 좋은 영향을 받은 책이었으므로 은혜를 갚으려는 마음에 흔쾌히 요청을 받아들였다.

친목회에서 하는 스피치라고 하길래 흔히 그렇듯 시끄러운 연회장에서 짧게 한마디 하는 그런 스피치일 줄 알았지만, 내 예상은 빗나갔다. 스페셜게스트로서는 처음 지명 받은 내가 준비된 무대로 오르자, 어쩐 일인지 코비박사가 스테이지 옆의 의자에 앉아 동시통역을 통해 내 이야기를 하나하나 듣고 있는 것이 아닌가.

스피치를 시작한 후에야 그 상황을 깨달은 나는 순간적으로 놀랐지만, 어떻게든 마음을 다지며 중간중간 통역을 위한 짬을 내주는 것을 잊지 않으며 침착하게 5분간의 스피치를 끝낼 수 있었다.

고개를 끄덕이며 들어 주었던 코비박사의 사랑이 넘치는 표정이 지금도 강한 인상으로 남아 있다. 그 짧은 스피치는 친목회에 참가한 분들과 주최측 분들로부터 많은 호평을 받았다.

물론, 5분간의 짧은 스피치라 해도, 언제나처럼 서파급의 3막 구성으로 이야기할 내용을 구상해 두었다. 참고로 코비박사 앞에서 행한 '서파급스피치'는 다음과 같은 것이었다.

방금 소개받은 히라노 히데노리라고 합니다.

저는 감동 프로듀서라는 일을 하고 있습니다.

감동프로듀서란 "감동을 창조하는 사람을 만드는" 직업입니다.

전에 연극배우를 하던 시절, 관객에게 감동을 주는 것이 너무 좋아서 열정을 다해 활약했습니다. 하지만, 자신이 연기하는 무대만으로는 보다 많은 사람에게 감동을 줄 수가 없다는 것을 깨달은 저는, 연극의 노하우를 살려 비즈니스세계에서 "감동을 창조하는 사람을 만드는" 일을 시작하게 되었습니다.

감동을 만들어내는 사람은 그 존재자체가 감동적입니다.

감정적인 사람은 싫지만, 감동적인 사람에게는 팬이 따릅니다.(미소 짓는 사람들)

감정적인 사람의 이야기는 듣고 싶지 않지만, 감동적인 사람의 이야기는 계속 듣고 싶어집니다.

내가 13년 전에 만난 어떤 저작이 그야말로 계속 읽고 싶어지는 감동적인 책이었습니다.

그것은 '7가지 습관'이라는 작품입니다만, 혹시 여러분들도 아시나요? (웃는 사람들)

나는 이 훌륭한 작품에서 '원칙'의 중요성을 배웠습니다.

그리고 제일 큰 배움은 '살면서 가장 중요한 것은, 가장 소중한 것을 가장 소중히 여기는 것'이라는 원칙입니다.

일본어로 감사를 표현하는 말 중에 '온가에시(보답, 보은)'라는 말이 있습니다.

그리고 은혜를 준 사람에게만 갚는 것으로 그치지 않고 주변사람에게도 보답하는 것을 '온오쿠리(은혜베풀기)'라 합니다.

코비박사로부터 배운 것을 많은 사람들에게 베풀어나가는 것이, 앞으로 제가 할 수 있는 보답이라 생각합니다. 감사합니다.

행간을 띄워서 3개의 파트로 나누어 보았다. 3막의 리듬을 느낄 수 있었을 것이다.

도입부는 코비박사에게 보내는 메시지로 시작하는 게 통상적인 스피치라 생각하지만, 나는 오히려 자신을 화제로 삼아, 사람들을 '어라?'하는 분위기로 만들었다.

제2막에서 '7가지 습관'과의 만남과 배움, 또 오늘날 자신의 직업과의 관계에 대한 화제를 전개하며 마지막으로 제3막에서 일본어의 아름다움을 소개함과 동시에 코비박사에게 감사의 말을 전하는 것으로 클라이막스를 장식했다.

이 스피치는 파워포인트도 단상도 없는 무대에서 진행되었는데, 평소 공연할 때에도 나는 파워포인트도 단상도 없이 달랑 몸뚱이 하나로 진행하기를 좋아한다.

무대 위에 있는 건, 악보스탠드와 화이트보드뿐. 10년도 넘게 그 스타일을 고집하고 있다. 서파급도 그렇지만, 일본문화의 미학은 심플함과 세련됨으로 표현된다.

파워포인트에 문장이 들어가거나 틈도 없이 작은 글자로 빼곡히 채워 놓은 것은 예쁘지 않다고 생각한다. 그리고 무엇보다 잘 전달되지 않을 것이다.

만약에 어쩔 수 없이 꼭 파워포인트를 사용해야 했다면, 나는 다음의 5가지 메시지를 넣었을 것이다.

'감동프로듀서'

'13년 전의 만남'

‘7가지 습관의 표지사진’

‘가장 소중한 것’

‘보은’

비즈니스의 상황에서는 이야기한 내용을 상대의 기억 속에 오랫동안

남길수록 유리하다.

기억에 오래도록 남는 방법을 과학적으로 알고 싶다는 분을 위해, 뇌

과학의 지식을 약간만 소개하겠다.

기억에는 뇌에 기억이 보존되어 있는 시간의 길이에 따라 2종류로 분

류된다.

단기기억과 장기기억.

장기기억은 현재까지의 뇌과학 연구과정으로 볼 때, 다시 4종류로 분

류된다고 한다.

‘에피소드기억’ ‘의미기억’ ‘절차기억’ ‘프라이밍기억’.

캐나다의 심리학자 엔델 툴빙박사가 분류한 ‘에피소드기억’은 다른 동

물에 비해서 인간이 가장 발달해 있는 기억으로써, 체험한 것을 느끼

는 기억이다.

에피소드기억의 기본조건으로 불리는 '언제, 어디서, 무엇을 했다'라는 이야기의 구성요소가 들어가면 장기기억의 대상이 된다고 한다.

위의 세가지 구성요소만 성립되면 그것은 (비록 직접 경험한 것이 아니라 해도) 실제체험의 기억으로써 되살아나는 것이다.

상대의 기억 속에 오래 남길 바랄 경우, 체험담이나 에피소드를 이야기 안에 넣으면 된다는 어드바이스의 의미가 과학적으로 이해되는 대목이다.

코비박사 앞에서 진행한 스피치에서는 '언제, 어디서, 무엇을 했다'라는 체험담대신에 '서파급'의 3막 리듬을 사용했다.

스피치뿐만 아니라 기억에 남는 업무 또한 보편적인 뇌과학의 연구성과와 스토리구성법의 지혜로 디자인할 수 있는 것이다.

제아미는 말했다.

언제든 서파급 있으면, 사루가쿠猿楽·申楽; 일본의 헤이안(平安)시대에 유행되었던 민중 예능. 익살스러운 동작과 곡예를 주로 하는 것이었으나, 후에는 가무와 흉내내기 등을 연기하는 능(能)과 광언(狂言)으로 갈라짐**도 다를 바 없다.**

'세상의 모든 것은 서파급의 리듬을 갖고 있으므로 서파급은 능(能)에만 국한되는 어려운 개념이 아니라 사루가쿠에도 공통적으로 적용할 수 있다'라는 의미다.

제아미는 세상 모든 것이 서파급의 3막 리듬으로 이루어져 있다고 말
한다.

하루는, 아침 점심 저녁의 3막. 이야기는, 시작과 중간과 끝의 3막.

이벤트의 기획, 스피치의 구성, 쇼룸의 동선, 마케팅시나리오 등을 포
함한 만물은, 자연의 섭리라는 리듬을 타고 3막의 강약을 붙이는 것이
가장 효과적이고 보람된 결과를 창출하는 것이라 생각한다.

Scene 14. 최선을 다하라

'Do it's best!'라는 말이 있다.

여기서 'best'란 무엇일까?

전력? 있는 힘껏? 최고?

나는 동양언어 속에 그 답이 있다고 생각한다.

동양언어로 'Do it's best!'는 '최선을 다하다'가 된다.

최선이란, 글자 그대로 '최고의 선(善)'을 다하는 일.

최선을 다한다는 건 전력을 쥐어짜내는 것이 아니라 '최고의 선을 다하는 일'이라고 생각하는 것은, 아마도 한자를 쓰는 동양정신의 지혜가 담긴 말이 아닐까 하는 생각이 든다.

◆◇◆◇ 선의를 끌어당기는 선의

신뢰와 유대의 소셜네트워크시대에는 선의를 전면에 내세운 브랜드 메시지가 공감을 부르고 지지를 얻어, 선의의 입소문까지 생기게 한다.

기업의 얄팍한 전략이 금방 들통나는 소셜네트워크의 세계는 새삼 기업의 본질이란 무엇인가 하는 질문을 정면으로 마주하게 한다.

마음을 중시하는 시대인 지금이야말로 올곧은 생각이 필요한 때다. 그것은 '사람들에게 도움이 되는', '두근거리는 맘으로 모두를 기쁘게 하는' 식의 상대의 마음을 움직이는 것. 예부터 동양인이 형성해 온 사회로의 회기가 이제 시작된 것이다.

이것은 결코 탁상공론이나 이상향이 아니다. 최선을 다하는 **감동 3.0**의 비즈니스 어프로치를 실천하는 사람 또는 기업의 힘찬 목소리가 지금 각지에서 들려오기 시작했다.

저농약, 유기야채로 화학조미료를 사용하지 않은 지산지소(지역생산, 지역소비)와 슬로우푸드를 기본으로, 유치원 및 보육원 식사에 특화된 의료복지 급식서비스에 주력하는 주식회사 밀케어라는 기업이 나가노현에 있다.

밀케어는 그 이름대로 **앞으로의 세계를 이끌어 갈 아이들, 지금까지 세상을 지켜온 많은 분들**에게 먹는 것을 통해서 생기는 감동을, 사원 전원이 하나되어 제공하고자 노력하는 기업이다.

사장인 세키 유키히로씨는 억척같이 살던 부모, 그리고 '사람들을 기쁘게 하는 일을 해야 한다'고 말버릇처럼 충고해주던 씩씩한 누나와 함께 지내 온, 가난해도 꿋꿋하게 살았던 어린 시절의 추억이 지금 하는 일의 원점이었다고 한다.

'사람들을 기쁘게 하는 일', 세키사장이 도달한 그 결론은 '음식을 통해 사람들을 건강으로 이끌자'라는 것이었다.

당연한 일을 업무로 삼고 당연한 것처럼 임하는 것이 큰 가치를 낳아 공감브랜드기업으로 진화해 나가는 것. 그것이 **감동 3.0**의 세계인 것이다.

'밀케어의 생각'(밀케어 공식사이트로부터 발췌)

즐거운 대화가 오가는 식사만큼 마음이 풍요로워지는 것도 없습니다.

'아이에게는 좋은 것만 먹이고 싶다'는 어머니의 마음을 담아 만든 음식에는 따뜻함이 있습니다.

저희 고객이 되는 분들 중에는 갖가지 어려운 경우나 질병 등의 문제를 안고 살아가는 사람들도 있을 것입니다.

그러나 모든 고객에게 있어서 "먹는다"는 것은 기쁘고, 즐겁고, 기대되는 그런 것입니다. 그런 순간을 제공하고 싶다고 언젠가 저는 굳은 결심을 하게 되었습니다.

먹는다고 하는 것이 얼마나 인간의 마음을 즐겁게 하는 일인지.

"아, 정말 잘 먹었다"라고 생각하게끔 하는 일. 그것을 목표로 업무를 밀어붙이면 된다는 것을 어느 날 문득 깨달았습니다.

그렇다면 저희가 고객 여러분에게 어떤 도움을 줄 수 있을까요?

간단합니다. 식사를 통해 '아 사는 게 즐겁다' '내일 하루도 행복할거야'라고 생각할 수 있도록 하는 것이 저희의 역할이라 생각합니다.

그러기 위해선 저희들 자신부터 매일같이 이러한 생각을 갖고 힘찬 하루를 보내지 않으면 안 되는 것이라 생각합니다.

고객님의 '고마워요, 너무 좋았어요'라는 한마디에 저희 또한 '고맙습니다'라고 감사하며 만족할 수 있다는 단순한 진리.

감동창조, 그것이 밀케어입니다.

다음은, 밀케어의 사원이 자신들의 일에 대해 소중한 사람에게 전한 편지를 소개하겠다.

감동 3.0의 무대 위에 서기 위한 중요한 힌트가 되리라 생각한다.

저희들 일은 유치원 급식을 만드는 거에요.

매일같이 아이들에 대해 생각하고, 맛을 내고, 요리를 하지요.

아이들의 건강을 신경 써서 야채나 재료는 전부 안전하고 안심할 수 있는 것으로만 엄선하여 사용하고 있어요. 그러나, 그것만으로는 마음에서 우러나는 기쁨까지 끌어낼 수 없다고 생각합니다.

하루하루 급식을 먹는 아이들의 모습을 모니터링하거나, 커뮤니케이션을 취해서 아이들과 조금이라도 같은 시선에서 생각하고자 노력하고 있습니다.

아이들이 저를 '급식 선생님'이라 부르며 따를 때, '싫어하던 것도 이제 잘 먹어요'라고 해맑은 얼굴로 말을 걸어 올 때, 이런 모든 것들이 저에게는 정말 큰 힘이 됩니다. 그런 아이들을 위해서 저희는 매일매일 맛있는 급식을 만듭니다.

매일 아침 유치원에 올 때마다 '급식이 기다려진다'는 말을 들을 수 있는 밀케어의 식사를 제공하기 위해서.

언젠가 태어날 저의 소중한 아이에게도 밀케어의 따스함을 맛보게 해주고 싶습니다. 애정과 기쁨으로 가득한 저희들 손으로 만든 식사를 제 아이가 먹는다면 보고 있는 것 만으로도 저는 행복할 겁니다.

밀케어 '새싹유치원' 담당 세키 유키

언제나 밝은 미소로 맞이해줘서 너무 고맙구나.

너의 그 웃음에 묻어나는 착한 마음에 난 언제나 마음이 편안해진단다.

그 답례로 내가 '고마워'라고 하면 너는 언제나, '나 아무것도 안 했는데'라며 눈을 동그랗게 뜨고 바라보는 모습이 얼마나 예쁜지.

전에 내가 만든 된장국을 먹고서는 '아~ 맛있어~'라고 했던 것 기억나니? 된장국 건더기의 '재료의 맛'을 천천히 곱씹고 그 다음엔 국물을 마시면서 '국물의 깊은 맛'까지 보는 것 같더구나.

말로는 다 표현하지 않아도 된장국을 맛보고 방긋 웃는 너의 표정을 보고 있자니 나 또한 너의 기쁨을 나눠 먹은 기분이었단다.

네가 그다지 많은 말을 하지 않는 것처럼 너를 응원해주는 사람들도 너의 웃음을 보면 뿌듯해져서 더 이상 말이 필요 없어진단다.

너의 미소가 모두를 행복하게 하는 것처럼 나는 앞으로도 조용히 식사 준비를 돕는 사람이 되고 싶구나.

밀케어 '유니마트 케어서포트' 이노우에 아유미

그때 이후로 벌써 26년이 지났네요.

당신은 아직 10살이었던 나를 두고 천국으로 가버렸습니다.

집에는 아버지, 형, 그리고 나, 이렇게 남자들만 남았습니다.

지금껏 요리 한번 해본 적 없었던 아버지와 형, 그리고 나는 살기 위해 매일 부엌 앞에 서서 별로 맛도 없는 음식을 만들어 먹곤 했지요.

그 후로 10년, 나는 조리사가 되었습니다.

도쿄에 있는 프랑스요리 레스토랑에서 10년간 간 일했습니다.

지금은 노인홈센터의 할아버지, 할머니를 위해 요리를 만듭니다.

제 요리를 드시는 분들의 모습은 바뀌었지만 저는 언제나 애정을 갖고 만들고 있습니다.

만약 당신께서 지금까지 살아계셨다면 저는 이 일을 하고 있지 않을지도 모르겠습니다. 하지만 지금은 이 일에 자부심을 갖고 있습니다. 앞으로도 사람들을 웃음짓게 하는 이 일을 계속 해나갈겁니다.

밀케어 '기쿠스이(요리점)' 이마이 야스시

◆◇◆◇ 고객을 위한 이인칭의 힘

우리는 소중한 사람에게 어떤 요구도 하지 않고 최선을 다한다. 아마도 자신이 갖는 능력을 총동원하여 배려하고 도움을 주며 최상의 대접을 할 것이다. 그럴 때의 퍼포먼스는 누구라도 꽤나 높은 수준의 연출력을 발휘한다고 할 수 있다.

그런 노력이 아깝다고 느껴지는가?

또 그런 노력은 반드시 가까운 사람에게만 써야 하는 것일까?

불특정다수의 사람들에게 쓰는 삼인칭의 힘은 분산되기 마련이고 제 멋대로인 일인칭의 힘은 내부로 갇혀버리기 일쑤다. 그러나 소중한 사람에게 쓰는 2인칭의 힘은 상대에게 가장 강력하고 집중적인 퍼포 먼스를 발휘한다.

상대를 위하는 이인칭의 힘이란 아무리 써도 줄지 않는다는 것을 깨 닫는 순간, 당신은 이미 최상의 관계성을 구축하기 위해 최선을 다할 준비가 된 것이다.

오직 단 한 사람에게 초점을 맞춤으로써 생겨나는 선의의 파워는 업 무의 동기를 확고히 하게 할뿐만 아니라 다양한 비즈니스아이디어를 창조하는 두뇌를 형성해준다.

오직 단 한 사람을 행복하게 만드는 아이디어는 한 사람에서 그치지 않고 몇 천명, 몇 만 명의 단 한 사람에게 도달한다.

소셜미디어의 출현과 그 빠른 전파력에 의해, 일이나 인생에 최선을 다하는 사람에게 스포트라이트가 비춰지는, 인간 그 자체가 소중히 여 겨지는 시대가 다가오고 있다.

개인이든 기업조직이든 '자신다움'을 살려 '사회공헌'을 행하는 것이

선의의 실천 그 자체가 되는 것이다.

자신에게서 발신된 이인칭의 선의는 일관성을 갖는 언행일치의 행동으로 더할 나위 없이 귀중한 브랜드를 구축해 나갈 것이다.

Scene 15. 겸손의 미덕

동양적 매너로써 잘 알려진 겸손의 미덕은 감동창조의 스킬이기도
하다.

Scene 8.에서 소개한 '감동의 방정식'은 사전기대와 사후실감의 갭의
정도가 불만이나 만족, 감동이나 감사라는 감정을 만들어 낸다는 법칙
에 대해 말 한바 있다. 그런데 겸손이라는 어프로치는 사전기대를 적
합하게 컨트롤하는 아주 세밀한 마음의 스킬인 것이다.

선물을 줄 때, 일본에서 자주 쓰는 말로 '별거 아닙니다만…'이라든
가 '보잘것없는 겁니다만…'이라는 표현이 있다. 이러한 표현은, 전
하는 물건이 정말 좋거나 굉장한 물건일수록 한층 감동이 커지게 마
련이다.

'별거 아닙니다만…'이라고 말하지만 정말로 별거 아닐 거라고 생각
지는 않는다는, 상호간의 암묵의 양해 속에서 성립되는 겸손의 스킬
이라 할 수 있다.

자신의 가족을 낮추려는 생각에 '저희 우처愚妻가…'라든가 '저희 우식
愚息이…', '저희 못난 자식이…' 등의 표현을 쓰는 사람이 있는데, 해외

사람이 들으면 깜짝 놀라거나 근심 어린 얼굴로 쳐다볼 것이다.

겸손이란 본래, 자학적으로 가치를 낮추는 것이 아니라 오히려 자타의 가치를 높이기 위해 사용하는 스킬인 것이다.

Scene 7.에서 말했듯이 **감동 3.0**의 비즈니스란, 특별한 사람이나 특별한 기업이 수여하는 감동이 아니라 다양한 분야에서 101%의 지속성을 유지하며 기쁨이나 안심, 존경이나 공감 등의 인간미 넘치는 감동을 디자인하는 엔터테이너가 비즈니스로 성공한다는 이야기를 했다. 지속 가능한 일상을 초월하는 감동의 만족범위를 101%를 중심으로 아무리 커도 최대 120%까지라고 하는 설정이야말로 겸손의 미덕과 같은 것이다.

한번뿐이라면 150%나 200%까지 발휘할 힘이 있더라도 상대의 허용범위를 고려하여 제공 측으로서 최대 지속 가능한 실천적인 수치인 120%라고 설정하며 자신을 낮추는 것이다.

또한, 본문에서 몇 번인가 소개한 **'이인칭의 힘'** 또한 겸손의 미덕이라 할 수 있다.

1,000명이나 2,000명, 아니 몇 만 명의 수많은 사람들에게 감동을 전할 자신이 있다고 해도 오로지 단 한 사람인 '당신'에게 감동을 전하겠

다는 겸손의 미학.

그것은 '소중한 사람에게 자신이 알고 있는 소중한 것을 단 한번만 전한다'는 집중된 포커스의 의식이다.

그리하여 서비스의 비법이란, 표면적으로 굉장한 서비스가 아니라 양질의 서비스를 제공한다거나, **가치를 높이기 위해 한 곳에 초점을 맞추는 겸허함**, 이것이 본래 의미로써의 겸손의 미덕인 것이다.

자그마한 친절. 작은 배려. 그리고 약간의 미소.

겸허함이라는 heart-skill은 사람들 마음 한 가운데에 실감나는 여운을 남긴다.

다음에 소개할 케이스는 내 책의 독자인 미즈노 아사코씨로부터 받은 아주 소소한 일상의 배려로 감동을 자아낸 에피소드다.

'작은 배려'

얼마 전, 아들이 입학할 예정인 모 시립중학교에 입학절차를 밟으러 갔습니다.

서류기입 따위를 끝내고 사무담당자인 한 여성에게 내가 '잘 부탁 드립니다'하고 고개를 숙이자, 그 사람도 '저야말로 잘 부탁 드립니다'하며 가볍게 인사를 해주더군요.

여기까지는 어디에서든 볼 수 있는 흔한 광경이지요.

그런데, 이 중학교에서는 그것으로 끝이 아니었습니다.

카운터너머로 나와 마주선 여성이 '저야말로'라는 말을 꺼내는 순간, 뒤에서 일상업무를 보고 있던 사무직원 전원이 일제히 자리에서 일어나 제 쪽을 향해 인사해 주었습니다.

감동했습니다. 완전 감동했지요.

이건 좀처럼 하기 쉬운 일이 아니라고 생각했거든요.

고개 숙여 인사를 하는 게 어려운 일이라는 것은 아닙니다.

적어도 일본에서는 보통 일이겠지요.

그러나 타이밍과 상황에 따라서는 '그냥 인사'가 '감동을 낳는 인사'가 된다는 것을 저는 가슴 깊이 실감했습니다.

앞으로 입학할 아이의 보호자에게 배려하는 '인사'라는 점이 플러스 1%의 드라마를 만들었습니다.

시간으로 따지면 글자 그대로 '일순간'의 행동이 커다란 감동을 낳은 겁니다.

사실, 이 학교와는 이후로도 몇 번인가 101%의 드라마가 있었습니다.

학교라는 '무대' 전체에 감동창조의 의식이 침투해 있다는 느낌을 받았다고 할까요?

하나하나 누구든지 생각할 수 있는 작은 일. 사소하다고조차 말할 수 없을 정도로 작은 일들이지만 그런 1%에도 미치지 않는 듯한 요소들도 여러 장 겹쳐지면 감동을 낳는 큰 에너지가 되는 것 같습니다.

특별한 것이 아닌 작은 마음 씀씀이.

저도 누군가를 위해 그런 플러스1%를 만들어내는 존재가 되고 싶다고 생각했습니다. 단 몇 초간의 일이었지만 지금 떠올려봐도 닭살이 돋을 정도로 감동을 받았거든요.

시험에서 고득점을 받게끔 하는 것을 목표로 치자면 학교보다 학원이 더 능숙하다고 하는 요즘 세상이지만, 집단생활 속에서 아이들에게 일상 속 감동드라마를 반복 체험시키는 일은 '학교이기에 가능한 일'이라는 생각이 듭니다.

이러한 과정을 통해 살아가는 힘의 진정한 의미를 체득해나가는 아이들이 되기를 바랍니다.

Scene 16. 돌려주는 보답보다 베푸는 은혜

단순생산노동의 많은 부분이 중국이나 인도로 대체되어 버린 지금, 그만큼 선진국의 비즈니스펄슨은 크리에이티브한 발상이나 아이디어를 창출하는 지적 작업이 요구되는 상황에 놓이게 되었다.

제임스 W 영의 명저 '아이디어를 내는 방법'을 보면, 아이디어란 기존의 데이터를 조합함으로써 탄생한다는 원칙이 쓰여 있다.

생각해보면 참신한 아이디어나 다양한 컨텐츠도 무에서 생겨난 것은 거의 없다. 대부분 기존의 다양한 요소가 적절히 조합되어 탄생하는 것이다.

이 책 또한 기존의 데이터를 '나'라는 오리지널의 필터에 통과시켜 조합함으로써 만들어진 창작물인 것이다.

만화경처럼 아름다운 기하학적 모양 또한, 원통 안에 있는 한 톨 한 톨의 조각들이 조합되어 만들어지는 것.

'제로에미션$^{zero\ emission}$'이나 '블루이코노미'를 제창하고 있는 벨기에의 기업가 군터 파울리는 '지속가능성이란, 지금 있는 것만으로 수요를 만족시키는 것이다'라는 주장으로 기존의 것을 최대한 활용하는 것의 바람직함을 제시한 바 있다.

지금 있는 것을 활용하지 않고 새로운 것만 자꾸 인스톨하여 용량이 초과된 PC와 같은 비즈니스펄슨을 본적이 있을 것이다.

나는 이미 있는 것을 '표준장비', 후에 몸에 붙이는 것을 '옵션장비'라고 구분 짓는다. 그런데 무엇보다 이미 가지고 있으면서도 활용하지 못하는 표준장비가 있다는 것을 새삼 깨닫는 것이 가장 중요한 일이 아닐까 싶다.

정보나 컨텐츠가 범람하는 시대에 애써 불필요한 것을 '몸에 붙이기'보다 지금 가지고 있는 것을 '연마'하는 '조합'의 발상과 실천이 요구된다.

그것이야말로 자신다움을 돋보이게 하는 최단거리인 것이다.

크리에이티브한 발상으로 아이디어를 발견해내기 위해서는 새로운 테크닉을 찾을 것이 아니라 자기 내부에 갇혀 있는 보석을 찾아내고 그것을 갈고 닦아 조합하는 것이 최선의 어프로치라 할 수 있다.

자기 안의 보석. 그것은, 지금까지의 인생에서 남에게 받아 온 것들 속에 대부분 숨어 있다.

가르침 받은 것.

도움 받은 일.

내가 즐길 수 있도록 해준 것.

용기를 얻은 일.

주저의 순간, 격려 받은 일.

갖가지 추억들을 떠올리는 것 자체가 창조력을 자극시켜 타인이나 사회를 위해 공헌하는 파워풀한 힘의 원동력이 된다. 그것이야말로 은혜를 베푼 사람들을 향한 최고의 보답이 되는 것이다.

밥은 사람을 만들고, 말은 인생을 만들듯, 은혜를 떠올리는 것은 아이디어를 만든다.

보답은 당사자끼리의 '일대일' 관계가 되지만 은혜 받은 것을 자신이라는 존재를 통해 진화시켜 다른 누군가에게 보내면 '일대다'의 관계가 형성된다.

은혜 받은 것을 자기 주변사람들에게 베푸는 것을 에도시대에는 '온오쿠리^{은혜 베풀기}'라 하여 당시에는 일상적으로 행해지는 미덕이었다고 한다.

한 명 한 명이 받은 은혜는 완벽히 오리지널인 것이다. 온리-원의 은혜 덩어리인 자신이라는 존재를 활용하여 오리지널의 창조성을 끌어내는 것이야말로 최고의 브랜딩 실천법이라 할 수 있다.

이 훌륭한 미학을 현대로 되돌리기 위한 방법으로, 누군가에게 받은 은혜를 자신이라는 존재를 통해 다시 디자인하여 새로운 '기프트'로써 누군가에게 선물한다는 의미로, 나는 '은혜 베풀기恩送り'를 '은혜 선물하기恩贈り'라 부르고자 제안한다.

자신다움이란, 누군가에게 받은 은혜의 직소퍼즐과 같은 것으로, 은혜를 떠올리고 감사할 때마다 보이지 않던 직소퍼즐의 피스가 눈에 들어오게 되는 것이라 생각한다. 마찬가지로 '은혜 선물하기恩贈り'는 비즈니스의 창조성을 높여주는 최상의 발상인 것이다.

내 책의 독자인 다카노 유코씨로부터 다음과 같은 '은혜 선물하기恩贈り'와 관련된 메일을 받았다.

중학교를 졸업한 내가 집단취직의 일환으로 타지에서 기숙사생활을 하던 시절, 이모로부터 편지가 왔습니다. 그 편지에는 이렇게 적혀 있었습니다.

하늘을 보려무나.

외로울 때, 힘들 때, 하늘은 어디든 누구든 하나로 이어져 있으니까.

돌아가신 부모님도 하늘에 계시니까… 하늘을 올려다보려무나.

지금도 저는 힘들 때면 하늘을 봅니다.

세상에는 저마다의 경우와 상황 속에서 살아가는 분들이 각기 다른 상념으로 하늘을 보고 있겠지요. 그건 초저녁일 수 도 있고 별이 빛나는 청량한 공기의 밤하늘 일지도 모르겠습니다.

지금껏 받아 온 부모님의 사랑, 친구의 사랑, 이모의 사랑… 그런 수많은 사랑을, 이젠 내가 '은혜로 베풀어야' 할 때인 것 같습니다.

그렇게 매일 최상의 자신으로 살고자, 하루하루를 아주 주의 깊게, 세심하게 들여다보며 보내고 있습니다.

Scene 6.에서 소개한 나의 아버지는, 공공직업안정소에서 근무할 때, 중학교를 졸업하고 집단취직하는 여자아이들을 인솔하기도 했다.

이와키시의 히라역에서 출발해서 우에노역 경유로 야간열차에 갈아탄 뒤, 다음날 아침 육친과 생이별을 한 아이들의 달래주거나 북돋아주며 장장 15시간의 인솔업무를 보았다고 한다.

헤어질 때의 애끊는 슬픔이 어떤 것인지 실감하게 된 아버지는 그 후로 지역에서의 기업유치에 열정을 담아 힘썼다고 한다.

아버지와 어머니가 슈퍼에서 장을 보던 어느 날, 예전에 집단취직으로 아버지에게 신세를 졌던 한 여성은, 적어도 40년 만에 보는 아버지의 얼굴을 알아차리고는, '그땐 정말 고마웠습니다. 지금은 고향에 돌아와서 행복하게 잘 살고 있어요'라는 감사의 말을 전했다.

아버지는 굉장히 기뻐했다고 한다.

시즈오카의 다카오씨는 아버지와 직접적인 인연은 없었지만, 아버지가 마음을 담아 힘을 쏟은 일이 돌고 돌아 아들인 나와 시즈오카씨의 인연으로 이어진 것 같다는 생각이 든다.

은혜를 베풀고 그 은혜가 다시 형태를 달리하여 돌아오는 것.

돌고 돌며 순환되는 은혜라는 힘의 불가사의를 느끼는 대목이었다.

Scene 17. 꽃은 보는 이에게 핀다

인터넷혁명으로부터 시작된 관계성혁명이 전세계에 새로운 버전의 비즈니스를 탄생시키려 하고 있다.

기업만이 발신 가능했던 매스미디어에, 개인의 퍼스널미디어가 가세하여 누구나 의견과 정보를 자유롭게 발신할 수 있게 되었다. 그것이 쌍방향의 소셜네트워킹시대에 대응하며 발전해 온 고객중시형 비즈니스다.

그 흐름은 고객만족을 지표로 삼는 **감동 1.0**에서 태어나, 응대서비스의 **감동 2.0**으로 진화한 뒤, 이제 쌍방향의 **감동 3.0**으로 비즈니스의 중심흐름이 되어 가는 중이다.

감동 3.0의 비즈니스는, 사람과 사람이 관계하는 업무라면 장르를 불문하고 누구라도 입장 가능한 세계다.

프롤로그에서 소개한 '감동'의 검색히트수가 6억4천만 건인 이 시대에, 소셜미디어가 불러일으키는 수요과다 · 공급부족이라는 꿈만 같은 거대마켓이 마침내 움직이려고 한다.

정보가 홍수처럼 넘쳐나는 시대에서는 같은 감동이라도 사람과 사람 사이에서 만들어지는 체온이 깃든 감동이 더욱 특별히 여겨지는 것이 당연지사.

기업이든 개인이든, 따뜻함과 여운, 인간미 등, 아날로그적인 가치를 고려하지 않는 비즈니스는 더 이상 존속할 수 없는 시대가 되어 가고 있다.

감동 3.0의 쌍방향성이라는 것은, 연극무대에서 배우가 관객과 함께 창조하는 감동공간의 원리와 닮아 있다.

극장에서는 결코 일방통행의 감동이 생길 수 없다.

같은 시간 같은 곳에 모인 사람이 만들어내는 협연라이브.

관객은 배우를 키우고, 또 그런 배우의 성장을 보고 다시 한번 감동하고…

연극을 제공하는 모든 관련자는 잘 알고 있다.

수 차례의 연습을 거치고서야 비로소 처음으로 무대에 설 수 있는 영광을.

제아미가 역설하는 감동의 비결 '꽃은 보는 이에게 핀다'라는 말은, 현대에 있어서도 전혀 손색없는 브랜딩비법이라 할 수 있다.

퍼스널브랜드의 길을 걷는 사람이란, 타인의 인생무대를 해피엔드로 이끄는 연출가이자 타인의 조용한 협연자도 될 수 있는 그런 사람이다.

제멋대로인 **에고**^{ego}**브랜드**와, 사람들의 마음에 기쁨을 선사하는 **감동브랜드**와의 차이는 거기에 있다.

감동브랜드인^의 화법이란, 자신의 감정을 호소하는 것이 아니라 상대의 감정을 향해 이야기하는 것이다.

그러기 위해서는 사람들이 어떤 씬에서 기쁨이나 즐거움, 행복이나 두근거림을 느끼는지 알아내려는 노력을 아끼지 않아야 할 것이다.

스스로 관객 측의 입장이 되어 자신이 먼저 풍부한 감동을 체험하는 것에 돈을 아끼지 않을 것.

감동을 창조하는 것은, 물론 간단하지만은 않다.

쉽게 할 수 있는 거라면 두근거림 또한 맛 볼 수 없을 것이다.

골키퍼나 수비가 없는 축구를 한들 무슨 재미가 있겠는가.

골이 마구 들어가는 축구경기에 긴장이나 매력이 있을 리 없다.

관객의 미소를 떠올리며 마음의 기술을 연마하여 101%의 드라마를 지속적으로 만들어 가는 일.

비록 지금은 상대 마음에 감동의 꽃을 피우지 못 하더라도 적어도 자신의 마음 속에만큼은 확실하게 꽃을 피울 줄 아는 사람이 되는 것.

한 두 번 일이 잘 풀리지 않는다 하더라도 포기 않고 자기 마음 속에 자리한 감동의 씨앗에 자신다움의 미학이라는 영양을 공급할 것. 그렇다면 언젠가 누군가의 마음 속 꽃으로 자리할 날도 반드시 올 것이라 믿는다.

남보다 두 배나 살았기에 후회는 없어요.
그렇게 말하고 죽고 싶어요.

현대의 일본을 대표하는 연출가 니나가와 유키오씨가 '이런 여배우는 더 이상 나오지 않을 것'이라며 극찬한, 희대의 여배우 타이치 키와코씨가 남긴 말이다.

그녀의 말은 내 머리를 세게 때리고, 또 내 가슴을 깊숙이 찔렀다.

그녀의 말 속에는 셀 수 없이 많은 다양한 타인의 삶을, 제 몸을 깎아 내며 연기해 온 박력과 각오가 담겨 있었다.

무대 '소네자키 신주曾根崎心中[신주(心中) 1. 정사(情死) 2. 동반 혹은 집단 자살]'에서 눈 내리는 정사情死씬을 연기했던 타이치 키와코씨는 상대 남자배우와 손을 맞잡아야 하는 부분에서 정말로 자신을 불쌍하게 여기게끔 하기 위해 무대 시작 직전까지 얼음으로 자기 손을 차갑게 해 놓았다고 한다. 관객뿐만 아니라 협연자까지도 팬으로 만드는, 배려라는 이름의 훌륭한 연출.

감동 3.0의 실천은 우선, 자신의 반경 1미터 이내에 있는 협연자에게 마음을 베풀고, 기쁘게 해주고, 행복하게 해주는 일부터 시작된다.

에필로그

통상의 10배 속도로 노화하는 조로증*progeria*이라는 난치병에 걸려
17살의 나이로 세상을 떠난 캐나다의 애슐리 헤기가 본인이 출연
한 다큐멘터리에서,
'만약 다시 태어날 수 있다면 다른 사람으로 태어나고 싶나요?'
라는 질문에 그녀는 웃으면서 대답했다.

'Me again!'

같은 질문에 당신은,
'Me again!'이라고 웃음으로 대답할 수 있겠는가.

브랜드웨이를 걷는 자기브랜드인ᐞ이라면 분명 똑같이 대답할 수

있으리라 본다. 당신이라는 존재자체가 누구도 대신할 수 없는 소중한 브랜드라고 가슴 깊은 곳에서 느낄 수 있을 때까지 이 책을 보고 마음의 기술을 실천하기 바란다.

감동을 기본으로 한 삶은 '너무 익숙해져 버려 잊고 있던 최고의 자신'과 만날 가능성을 불러일으킨다.

감동 3.0은 양극화에 의한 대립이 아니라 융합에 의한 화학반응을 유발시키는 21세기형 플랫폼이다. 이 책 자체도 종래의 '자기개발' '마케팅' '경영서'라는 장르를 넘어서 본질을 융합하는 것에 의의를 두고 쓴 것이다. 각 Scene에서 제안한 다양한 시점과 방법을 실천하는 것으로 감동 3.0의 세계가 당신의 일상을 다채로운 색채로 채색하기를 진심으로 바란다.

◆◇◆◇ **추신**

2010년 8월.

도쿄 기온이 36도나 되는 날이 연잇는 무더운 여름에 본서를 집필하였습니다. 그야말로 불타는 여름.

스스로 감동을 테마로 살아 온지 10년째 여름에, 기념할만한 10권째 작품을 출판하게 된 것을 행운으로 여기며 이번 책을 포함하여 지금껏 제작에 힘써준 분들께 진심으로 감사말씀 드립니다.

설마 제가 저작을 10권이나 쓰리라곤 생각지도 못했던 터라 새삼 인연이라는 불가사의한 힘에 놀라움을 감출 수 없습니다.

이 책은, 고향인 후쿠시마현에서 거의 한평생을 지낸 아버지와 어머니에게 바치는 책입니다.

내가 가야 할 길을 찾는 것에 큰 영향을 주신 아버지, 언제나 현명한 말로 가르침을 주신 어머니, 지금 한 사람의 어른으로서 자신다움이라는 테마를 논할 때마다 그분들이 떠올라 기쁨과 감사의 마음으로 가슴이 터질 듯 뿌듯합니다.

당신께서 키워주신 제멋대로였던 아들은 이제 조금이나마 세상에 도움을 줄 수 있게 되었습니다.

저의 자신다움의 원점은 어릴 적, 언제나 생동감으로 반짝이던 가족의 풍경 속에 있습니다. 이번에 처음으로 존경하는 아버지의 에피소드를 게재할 수 있었던 점 매우 기쁘게 생각합니다.

전작에 이어서 디자인을 맡아 주신 패닉스의 사이토씨, 또 한번 훌륭한 협연을 통해 좋은 작품을 만들 수 있었던 점, 정말 감사합니다.

본서를 세상 밖으로 내보내고 배웅까지 해준 일본경제신문출판사의 호리우치 츠요시씨의 협력과 배려에 깊이 감사 드립니다.

그리고 마지막으로 10권의 책이 출간될 때까지 항상 곁에서 함께 걸어 와 준 나의 아내에게 감사의 말을 전하고 싶습니다. 사랑해 여보.

히라노 히데노리

참고문헌

* 트위터노믹스 타라 헌트 저

* 모티베이션 3.0 다니엘 핑크 저

* marketing 3.0 필립 코틀러

* 자포스의 기적 이시츠카 시노부

* 스티브 잡스 프레젠테이션의 비밀 카마인 갈로 저

* '분위기'의 연구 야마모토 시치헤이 저

* 기억력 강화하기 이케다니 유지 저

* 카네코 미스즈 전집 카네코 미스즈 저

* 이노우에 야스시 에세이 전집 제2권 일좌건립 이노우에 야스시 저

* 아이디어를 만드는 기술 제임스 W 영 저

● 저자 프로필

히라노 히데노리

1956년 생. 릿쿄대학 졸업.

공연가. 비즈니스작가. 유한회사[드라마틱-스테이지]대표이사.

일부상장기업의 비즈니스맨 겸 연극배우로서 10년간 활동. 그 경험으로부터 비즈니스와 연극의 연관성을 깨닫고 독자적인 감동창조의 수법을 개발. 독립한 뒤로는 일본에서 유일한 감동프로듀서로서 대기업부터 중소기업까지 강연(공연) 및 지도를 하며 감동3.0의 세계를 전파하고 있다. 현재 20만 명이 넘는 수강체험자들의 열렬한 지지를 받고 있다.

[강연 · 지도기업] 마이크로소프트, 도요타자동차, 랙서스, 야쿠르트, 파나소닉, 미츠비시전기, 히타치제작소, 기린맥주, 아사히맥주, 엔 · 재팬, 소니생명, IH, 일본생명, 이세탄, 리코… 외 다수.

[저서] [세계에 하나 뿐인 기프트], [사람을 행복하게 만드는 대화법], [감동의 억만장자 30가지 룰], [감동력], [공감력], [기프트 네게 보내는 풍요로운 지혜], [해피엔드를 만드는 법], [돈이 벌리는 표현력의 마법]

● 역자 프로필

이태우

1983년, 충북청주 출생.

일본 기후현의 아사히대학교 비즈니스기획학과를 졸업했다.

귀국한 뒤로는 국내 일본계 기업에서 통역 및 번역업무를 해왔으며, 현재 가나북스에서 출판 기획 및 일어권 번역업무를 맡고 있다.